Wenn Kind und Hund…

Wenn Kind und Hund ...

VON CLAUDIA FISCHER
UND BETTINA SCHÖNFELDER

Cadmos Verlag GmbH Lüneburg

Copyright © 2001 by Cadmos Verlag

Gestaltung: Ravenstein Brain Pool

Layout und Satz: M. Eckenbach

Titelfoto: Ulrike Schanz

Druck: Westermann Druck, Zwickau

Printed in Germany

ISBN 3-86127-721-2

VORWORT

Mit diesem Buch plädieren wir für Verantwortungsgefühl, gegenseitige Toleranz und Rücksichtnahme. Das Zusammenleben von Mensch und Hund ist in den vergangenen Jahren ins Rampenlicht gerückt, ausgelöst durch diverse Beißunfälle, bei denen immer wieder auch Kinder die Opfer waren.

Unfälle fallen nicht vom Himmel, sondern sie können im Vorfeld schon verhindert werden, wenn man die ersten Anzeichen erkennt und dann handelt. Darum ist die Sicherheit von Kindern das oberste Ziel unserer Tipps und Hinweise.

Nach einem tragischen Unfall mit zwei Pitbulls, bei dem ein kleiner Junge in Hamburg sein Leben verlor, hagelte es politische Konsequenzen. So genannte „Kampfhunde"-Rassen dürfen nicht mehr gezüchtet oder importiert werden, Tierschutzgesetze wurden eingeschränkt. Aber auch die Halter von Hunden anderer Rassen sehen sich mit einer völlig veränderten Stimmung konfrontiert.

Viele Menschen haben im Laufe der Diskussion ihre lange verschwiegene Angst vor Hunden deutlich ausgesprochen. Der Satz „Der tut nix, der will nur spielen" ist kein geflügeltes Wort von Kabarettisten mehr, sondern er steht für viele unerzogene Hunde und die Ignoranz vieler Halter gegenüber dieser Angst.

Aber strenge Hunde-Verordnungen und Gesetze dürfen über eines nicht hinwegtäuschen: Toleranz, Verantwortung und Rücksichtnahme lassen sich nicht verordnen. Sie sind Erziehungssache. So wollen wir Ihnen in diesem Buch unter anderem zeigen, wie Sie selbst, Ihr wachsames Kind und Ihr wohl erzogener Hund dieser veränderten Stimmung etwas entgegensetzen können.

Nach vielen Gesprächen mit Familien haben wir uns entschieden, in diesem Buch auf Altersangaben zu verzichten. Verantwortungsbewusstsein, Körpergröße und Konsequenz sind bei Kindern so unterschiedlich entwickelt, dass wir es den Eltern überlassen wollen, was sie ihren Kindern zutrauen und was nicht. Aber wir geben immer wieder Tipps und Hinweise, wie Sie die Reife Ihrer Sprösslinge einzuordnen haben, damit es keine bösen Überraschungen gibt.

Dieses Buch soll Sie anregen, eigene Kriterien für „richtiges" Verhalten von Hund, Kind und Eltern zu entwickeln und auszuprobieren. Durch die Kapitelüberschriften finden Sie hoffentlich schnell Antworten auf drängende Fragen. Außerdem können viele Tipps mit ein bisschen Phantasie auch Antworten auf ganz andere Fragen geben. Wir wünschen Ihnen viel Spaß beim Experimentieren mit Kind und Hund!

Claudia Fischer und Bettina Schönfelder

Der Hund als Familienmitglied

„Das ist aber ein süßes Hundchen", schwärmt die Tante, „Ziehst du den groß?" „Nein", sagt Klein-Felix, „der wächst von alleine."

Nicht ganz, Klein-Felix, nicht ganz. Körperlich wächst der Hund natürlich von alleine. Aber wenn er mit Menschen – insbesondere mit Kindern – zusammenleben soll, ist der Mensch gefordert. Und das Tolle ist: Mit dem Hund wachsen auch die Kinder! Tipps und Hinweise für dieses Zusammenspiel geben wir Ihnen in diesem Buch.

Natürlich kommen den meisten Eltern auch Bedenken, wenn sie an das familiäre Zusammenleben mit Hund denken. Urlaubsplanung, Pflichten, Arbeit, Hygiene,

Kosten und viele Stichworte mehr schwirren ihnen durch den Kopf. Außerdem: Nicht jeder Hund passt gut zu Kindern – eine Angst, die durch die Kampfhundediskussion besonders präsent ist. Die Verantwortung für den Vierbeiner lastet früher oder später immer auf den Schultern der Eltern.

DER „KINDERSICHERE" HUND

„Kindersichere" Hunde – gleich welcher Rasse – gibt es nicht. Auch der wohl erzogenste Pudel kann mal schnappen und empfindlich kneifen. Genauso, wie auch das wohl erzogenste Kind mal über die Stränge schlägt und auch Eltern mal Fehler machen. Wenn Frauchen sagt: „Mein

So eine unbeschwerte Freundschaft wünschen sich Kinder, die Eltern, und wohl auch der Hund.
Foto: Infohund/Eva-Maria Krämer

Hund beißt keine Kinder", heißt das nur, dass ihr Waldi **bisher** noch nie ein Kind gebissen hat.

„Kinderfreundliche" Hunde gibt es durchaus – aber auch diese Eigenschaft ist ein individuelles Merkmal und nicht bestimmten Rassen zuzuordnen.

Selbst ein Cockerspaniel kann Kinder anknurren oder gelangweilt links liegen lassen, während der stämmige Bullterrier mit seinem starken Gebiss vielleicht ein begeisterter und friedlicher Spielgefährte ist.

Retriever gelten als kinderfreundlich, weil sie aufgrund ihrer Größe ruhiger sind und auch mal einen Knuff vertragen kön-

nen. Andererseits können sie ein Kind leicht umwerfen und das große Gebiss ist im Ernstfall gefährlicher als das eines Yorkshire-Terriers. Ob Ihr Hund kinderfreundlich ist, hat viel mit seinem individuellen Charakter und seinen Erfahrungen zu tun. Den richtigen Umgang miteinander müssen Hunde und Kinder lernen.

Dass sie sich vertragen, ihre jeweiligen Ängste und Bedürfnisse respektieren, sich nicht das Spielzeug klauen, nicht aus dem gleichen Napf fressen oder sich gegenseitig in die Ohren beißen, sollte das selbstverständliche Ziel der Erziehung sein.

Für all das wollen wir Ihnen mit diesem Ratgeber viele praktische Tipps geben.

Trotzdem dürfen Sie nicht vergessen: Es bleibt ein „Restrisiko", wenn Mensch (insbesondere Kind) und Hund zusammen leben. Sie können nur versuchen, dieses „Restrisiko" so gering wie möglich zu halten.

Aber in diesem „Restrisiko" liegt auch eine Chance: Am Hund lernen Kinder, dass nicht alles im Leben kontrollierbar ist. Computer oder Fernseher reagieren auf Tastendruck, mit einem Hund muss man sich auseinander setzen. Er will sich vielleicht gerade dann zurückziehen, wenn

Sogenannte „Kampfhunde" haben oft besonders viel Geduld mit Kindern. Foto: Bildagentur IPO

das Kind mit ihm spielen will. Und wenn das nicht akzeptiert wird, zeigt er deutlich sein Unbehagen. Gerade die Eltern besonders aufgeweckter, vielleicht etwas naseweiser Dreikäsehochs werden es schätzen lernen: Mit einem Hund kann man über seine Bedürfnisse nicht diskutieren!

Grenzen austesten und akzeptieren, Rücksicht nehmen, Kompromisse machen und Nachgeben – all das sind wichtige Lernziele für das kindliche Sozialverhalten, bei denen ein Hund als „Katalysator" den Eltern viel Erziehungs-Arbeit abnehmen kann, wie der Bonner Sozialpsychologe Prof. Dr. Reinhold Bergler in seinen Studien bewiesen hat.

DER HUND ALS „ERZIEHUNGSHELFER"

Der Hund als „bester Freund" ist bei Kindern äußerst positiv besetzt. Darum lernen sie mit seiner Hilfe auch unangenehme Dinge, wie Pflichten zu erfüllen oder Kompromisse zu machen, viel leichter als ohne Hund.

Und sie lernen nachhaltiger, weil Hunde die Gefühls- und Erlebniswelt von Kindern intensiver ansprechen, als die „verkopften" Erwachsenen das je könnten. So wird der Hund nach Bergler zum wichtigen Erziehungshelfer in mehrfacher Hinsicht:

Teamfähigkeit: Durch klar verabredete Zuständigkeiten und „Dienstpläne" kann die Familie gemeinsam die Verantwortung für den Vierbeiner tragen (siehe Seite 57) und wird so zum „Team". Das übliche Eltern-Kind-Verhältnis zwischen Macht und Ohnmacht kann durch den Hund durchbrochen werden. Im Idealfall ziehen Eltern und Kinder bei Pflichten und Erziehung an einem Strang, entwickeln und diskutieren Regeln gemeinsam und treffen partnerschaftlich Entscheidungen. Ein Lernprozess für beide Seiten.

Sensibilität: Kinder müssen Hunde und ihre Körpersprache genau beobachten, um sie zu verstehen. Außerdem entwickeln Kinder schnell ein Gespür dafür, wie konsequent Eltern den Vierbeiner erziehen, wo Reden und Handeln auseinander klaffen oder womit Eltern eventuell zu erweichen sind.

Über ihren Zugang zur Gefühlswelt fördern Hunde die Phantasie der Kinder und ermöglichen es ihnen, ihre Emotionen zuzulassen.

Verständnis: Weil Kinder bei der Beobachtung des Gespanns Hund-Mensch selbst nicht direkt betroffen sind, können sie verstehen, warum ihre Eltern manchmal streng sein müssen. Und Eltern können weit reichende Schlüsse über die Stimmung ihrer Kinder ziehen, wenn diese anfangen, den Hund herumzukommandieren oder plötzlich besonders intensiv mit ihm kuscheln. Am Hund kristallieren und entladen sich Stimmungsschwankungen oder grundsätzliche Charakterzüge der Menschen. Und er hat ein dickes Fell.

Stärke: Hat das Kind etwas angestellt und ist ausgeschimpft worden oder wird es mal zu wenig beachtet, fühlt es sich machtlos und einsam, häufig auch ungerecht behandelt. Dann ist der Hund da. Er tröstet, hört zu, gibt Wärme und Geborgenheit, ohne Bedingungen zu stellen und ohne den Eltern dabei in den Rücken zu

Auch berechtigte Schelte tut weh. Gemeinsam mit einem Hund ist sie leichter zu ertragen.
Foto: Gaby Abels

fallen. Kinder, so stellte Professor Dr. Bergler fest, fühlen sich mit dem Hund freier, sicherer und interessanter für ihre Umwelt. Wenn der Hund mitgeht, trauen sich Eltern eher, ihre Kinder mal alleine losziehen zu lassen.

Hunde stärken Kindern den Rücken und ermöglichen es ihnen, mutig ihre Umwelt zu erforschen. Sie sind Gesprächsstoff und fördern so, auch das betont Bergler in seinen Studien ausdrücklich, die Sprachentwicklung.

Was Eltern wissen sollten ...

WAS ELTERN WISSEN SOLLTEN ÜBER IHREN HUND

Damit Ihr Hund ausgeglichen ist und sich bei Ihnen wohl fühlt, sollten Sie seine Bedürfnisse kennen und beachten. Klar, kurzfristig muss ein Hund immer mal hinter den Plänen der Familie zurückstecken, zum Beispiel hin und wieder auf lange Spaziergänge verzichten, wenn das Kind krank ist, oder mal im Auto warten, wenn der große Familieneinkauf ansteht. Das hat er aber meist schnell wieder vergessen, wenn er dann ausreichend Auslauf oder Aufmerksamkeit bekommt.

Dauerhafte Über- oder Unterforderung allerdings kann ihn krank oder aggressiv machen. Bekommt beispielsweise ein Münsterländer nicht genügend Auslauf, kann es sein, dass er beginnt, Radfahrern und Joggern hinterherzuhetzen. Ein nicht ausgelasteter Hund kann auch für Ihre Kinder zu einer Gefahr werden. Ein gesunder Hund lebt nicht vom Fressen allein.

SOZIALISIERUNG AUF MENSCHEN

Jeder Hund muss schon im Welpenalter an Menschen gewöhnt werden, wenn er später mit Menschen zusammenleben soll. Dabei muss er lernen, dass wir nicht wie ein Hund unser Revier beim Spaziergang

Ein Hund ist ein Familienmitglied – je mehr Kontakt er zur Familie hat, desdo besser fügt er sich ein.
Foto: Infohund/Eva-Maria Krämer

markieren, dass wir zur Begrüßung nicht an ihm schnüffeln und dass wir nicht drohen, sondern lachen und uns freuen, wenn wir unsere Zähne zeigen. Er muss und kann lernen, dass er unter Menschen und nicht unter seinesgleichen lebt.

Achtung: Auch wenn ein Hund auf Erwachsene sozialisiert ist, muss er Kinder noch nicht automatisch akzeptieren. Sie sind kleiner, haben andere Stimmen, bewegen sich anders als Erwachsene. Jeder Hund muss individuell lernen, dass Menschen-Kinder keine Hunde und auch keine Welpen sind und er sie nicht wie Welpen maßregeln darf. Darum ist es ein wichtiger Sicherheitsaspekt, dass Ihr Hund so

früh wie möglich Kontakt mit verschiedenen Kindern vom Säugling bis zum Schulkind bekommt oder hatte. Und die Erwachsenen müssen ihm zeigen, was er im Umgang mit Kindern darf und nicht darf (zum Beispiel Zwicken oder durchs Gesicht lecken).

ORDNUNG IM RUDEL

Auch im Menschenrudel hat ein Hund ein angeborenes Bedürfnis nach einer gewissen Struktur, die der eines Hunderudels ähnelt, um sich wohl zu fühlen. Diese Struktur müssen wir ihm geben. In seinem Familienrudel braucht der Hund Kontinuität. Er wird ziemlich schnell ler-

Hunde und Kinder müssen Vertrauen zueinander aufbauen. Das geht nur in entspannter, aber kontrollierter Atmosphäre. Foto: Infohund/Eva-Maria Krämer

nen, wer zur Familie gehört, wer ihn wann füttert und wer welche Arbeitszeiten hat. Wird das Gefüge gestört (etwa weil ein Baby hinzukommt), ist der Hund irritiert und unsicher und braucht Hilfe, um sich wieder zurechtzufinden. Die Mühe lohnt sich: Ein ausgeglichenes Familienleben kommt auch Ihnen und Ihren Kindern zugute. Außerdem braucht Ihr Hund eine eindeutige Führungsfigur (im Hunderudel das so genannte Alphatier), die für das Rudel verantwortlich ist. Meistens integriert sich ein Hund recht problemlos in sein Familienrudel, wenn die Regeln klar sind. Wenn allerdings das „Alphatier", die Person, an der sich ein Hund orientiert, Schwächen oder widersprüchliches Verhalten zeigt, muss er versuchen, selbst die Führung zu übernehmen. Kinder können

nur in den seltensten Fällen die „Alphatiere" sein. Sie haben sich noch nicht ausreichend unter Kontrolle. **Die Verantwortung für den Hund, seine Erziehung und Orientierung liegt also immer bei den Eltern.**

Üben statt Unterdrücken

1. Die Führung zu haben heißt nicht, Macht mit Gewalt und Druck durchzusetzen. Es reicht, dem Hund freundlich, klar, zielstrebig und selbstsicher Grenzen zu setzen und ihm zu vermitteln „Ich habe die Lage des Rudels im Griff".

2. Wenn Ihr Hund nicht gehorcht, ist das meist kein Versuch, die Macht im Rudel zu übernehmen. Wahrscheinlich hat er nur einfach noch nicht genug gelernt.

Hartnäckig hält sich das Gerücht, dass Beißunfälle passieren, weil der Hund sich einem Menschen nicht untergeordnet hat. Das ist inzwischen überholt.

Ein Hund ist zufrieden mit der Position, die ihm sicher ist. Er zettelt keine unvermittelten „Machtkämpfe" an, weil er „aufsteigen" will. Ursache für viele Beißunfälle ist stattdessen menschliches Fehlverhalten: Häufig wurden die Hunde erschreckt, hatten Angst, ihr Revier wurde verletzt oder die Grenzen und Warnzeichen des Hundes wurden ignoriert. Dauerhaft bissige Hunde sind meist sehr schlecht sozialisiert oder verhaltensgestört.

VERTRAUEN UND BINDUNG

Hunde brauchen Vertrauen in sich selbst, in „ihre" Menschen und in ihre Umgebung, sonst können sie zum Angst-Beller oder sogar Angst-Beißer werden. Dieses Vertrauen kann gezielt aufgebaut werden. Jedes Familienmitglied sollte daran mitwirken, denn der Hund bindet sich an jeden einzeln.

VERTRAUEN AUFBAUEN

- *Viel Kontakt* – Sprechen Sie mit Ihrem Hund, streicheln Sie ihn im Vorbeigehen und achten Sie darauf, dass er auch mit Blicken oder Wedeln darauf antwortet. So binden Sie ihn an sich. Selbst Polizeihunde leben nicht im Zwinger, sondern in den Familien ihrer Hundeführer, damit sie gut mit Menschen zusammenarbeiten können!

- *Viel Bewegung* – Wenn ihr Hund Vertrauen in seinen eigenen Körper hat und ihn gut kontrollieren kann, ist das ein wichtiger Schutz für Ihr Kind. An kurzer Leine spazieren gehen lastet einen Hund nicht aus. Lassen Sie ihn auch regelmäßig mit anderen Hunden spielen und richtig rennen.

- *Viele Berührungen* – Ihr Hund sollte sich von Ihnen regelmäßig und überall kämmen, anfassen und festhalten lassen. Vorsicht: Berührungen an Stellen, die ihm (noch) unangenehm sind, können für Kinder gefährlich werden! Üben Sie (ohne Kinder!) in entspannter Atmosphäre, Ihren Hund daran zu gewöhnen.

- *Viele Erfahrungen* – Überbehüten Sie Ihren Hund nicht, lassen Sie ihn an Ihrem Leben teilhaben! Damit sich Ihr Hund in der Menschenwelt zurechtfindet, sollten Sie ihn an verschiedenste Umgebungen und Menschen sowie in gewissem Rahmen an unangenehme Erfahrungen gewöhnen. Vorsicht: Menschengedränge, Schützenfeste oder Jahrmarkttrubel sind eindeutig zu viel des Guten!

SOZIALISIERUNG AUF ANDERE HUNDE

Hunde, die nicht richtig auf Artgenossen sozialisiert worden sind, sind oft übertrieben ängstlich oder werden aggressiv. Darum ist die richtige Sozialisierung ein wichtiger Schutz für Ihre Familie.

Zur Sozialisierung braucht Ihr Hund den regelmäßigen Kontakt zu anderen Hunden, speziell im Welpenalter. Hier lernt und übt er, wie man sich richtig zankt und wann man aufhören muss (Beißhemmung). Hier hat er die Möglichkeit, sich auszutoben und sein Wesen als Hund zu entfalten und zu festigen.

Empfehlenswert sind Welpenspiele in einer Hundeschule. Dort bekommen Sie und Ihr Welpe fachkundige Hilfe und Sie werden viel über Ihr Tier erfahren. Außerdem macht es einfach Spaß, vielen Welpen beim Spielen zuzusehen. Zufällige Begegnungen bei Spaziergängen sind häufig nicht ausreichend, denn meistens wird Ihr Welpe dort nur erwachsene Hunde treffen. Außerdem ist längst nicht jeder Hund, den Sie unterwegs treffen, ausreichend gut sozialisiert, um Ihrem Welpen auf die Sprünge zu helfen – im Gegenteil.

ENTWICKLUNGSPHASEN

Wenn Ihr Hund aufwächst, dann durchläuft er vier Phasen, die Sie beachten sollten.

Welpenphase (circa erste bis zwölfte Woche)

Als Welpe wird Ihr Hund Ihre Kinder als Spielpartner betrachten. Das ist nicht ganz ungefährlich: Welpen testen im Spiel ihre Kraft und ihre Grenzen. Gerne fordern sie

Welpen brauchen regelmäßigen Kontakt zu anderen Hunden – um gute Hunde zu werden. Foto: Bildagentur IPO

Vorsicht: Welpenzähne sind zwar klein, aber spitz und sie können weh tun! Foto: Bildagentur IPO

Kinder zum Spielen auf, indem sie ihnen in die Füße zwicken. Dabei sind Welpenzähne ganz schön spitz und können Kinder verletzen oder ihnen zumindest Angst einjagen. Darum sollten Sie von Anfang an klare Grenzen setzen. So süß spielende Welpen auch sind – „Sitz", „Komm" oder „Nein" sollte schon jetzt trainiert werden. Auch im Rudel beginnt die Erziehung mit dem ersten Tag.

Junghundphase (circa vierter bis 18. Monat)

Die Junghundphase wird auch als „Rüpelalter" bezeichnet. Der Hund beginnt, sich um seine Stellung im Rudel zu kümmern, das Spielen wird grober. Sie sollten in dieser Phase besonders auf ein eindeutiges und konsequentes Verhalten Ihrer Familie achten, denn jetzt braucht er besonders klare Regeln und Grenzen.

Pubertät (circa achter bis zwölter Monat)

Im Hund erwacht der Sexualtrieb. Hündinnen werden heiß und erleben dabei eher passiv eine Veränderung, die sie verwirrt und verunsichert. Rüden hingegen beginnen, ihr Bein am Baum zu heben, und nehmen plötzlich unzählige neue Reize (Sexuallockstoffe) von außen wahr. Sie werden hektisch und orientierungslos, wissen nicht, wo sie als Erstes schnüffeln sollen. Diese Verwirrungen können dazu führen, dass die Hunde vergessen, was sie bereits gelernt zu haben schienen. Achten Sie also besonders auf die Einhaltung Ihrer Kommandos und verlassen Sie sich nicht auf das Gelernte!

Lassen Sie sich zu diesem Zeitpunkt von Ihrem Tierarzt über die Folgen einer möglichen Kastration beraten. Manche Hunde werden dadurch deutlich ruhiger und einfacher zu handhaben, andere nehmen zu. Tierheime kastrieren die meisten Tiere schon aus Tierschutzgründen (Verhütung).

Auch ein leises Flüstern wird sehr genau wahrgenommen – Gebrüll ist für Hundeohren dagegen unangenehm.
Foto: Gaby Abels

Erfahrungsgemäß gilt: Je klarer und geordneter ein Familienrudel von vornherein funktioniert, desto weniger Störungen sind durch die Junghundphase oder die Pubertät zu erwarten.

Überprüfen Sie während dieser Wachstumsphase immer wieder die Gewichtsverhältnisse Ihrer Schützlinge. Ist Ihr Kind dem Hund noch körperlich gewachsen?

Erwachsenen-Phase (ab 18. Monat)

Beim erwachsenen Hund sollte die Erziehung gefestigt sein. Er wird ruhiger. Sie können jetzt anfangen, sich auf Gelerntes zu verlassen. Trotzdem sollten Sie alles regelmäßig auffrischen und nicht nachlassen.

SINNESWAHRNEHMUNG

Ein Hund verschafft sich schnuppernd ein Bild von seiner Umwelt. Auch wenn Sie gleichzeitig einen Kinderwagen schieben und es eilig haben: Ihr Hund braucht Zeit zum Schnüffeln beim Spaziergang! Sonst nehmen Sie ihm eine wichtige Möglichkeit, sich zu orientieren!

Ein Hund hört um ein Vielfaches besser als Menschen. Sie brauchen deshalb nicht unbedingt zu schreien, damit er Sie hört. Wichtig ist, dass er die Stimme, die er hören soll, aus anderen Geräuschen herausfiltern kann. Wenn also Ihre Kinder beim Toben im Garten hoch kreischen, sollten Sie Ihren Hund in diesem Moment ruhiger und tiefer ansprechen.

Grundsätzlich sieht ein Hund in grünen und blauen Schattierungen. Unterschiedliche Farben fürs Spielzeug sind also für Ihren Hund völlig unsinnig – können aber für Ihr Kind eine Orientierungshilfe sein. Bei Dämmerung sieht Ihr Hund besser als Sie. Am besten nimmt er mit den Augen wahr, wenn sich etwas bewegt. Deshalb machen zappelnde Kinder ihn grundsätzlich neugierig und Stillhalten beruhigt.

FORDERN SIE IHREN HUND

- *Spiele sollten abwechslungsreich sein (fordern Sie Ihren Hund zum Beispiel durch „Such!").*
- *Auch zu Hause sollten Sie ihn zwischendurch immer mal wieder kurz beschäftigen („Sitz!", gegen ein Spielzeug kicken oder den Hund streicheln).*
- *Spaziergangsrouten sollten immer mal variieren. Aber Vorsicht: Ihr Hund macht aus einer Standard-Route sein Revier, das er regelmäßig kontrollieren will. Auch dieses Bedürfnis sollten Sie befriedigen.*

INDIVIDUALITÄT

Jeder Hund ist ein Individuum. Unabhängig von der Rasse hat jeder Hund seine Vorlieben und Dinge, die ihn nicht interessieren. Lernen Sie ihn kennen. Erfragen Sie seine Vorgeschichte. Erforschen, beobachten und testen Sie seinen Charakter und gehen Sie darauf ein. Malen oder schreiben Sie mit Ihren Kindern einen Steckbrief. Das übt, den Hund richtig einzuschätzen.

Manche Rassen haben aus ihrer Zuchtgeschichte heraus einen „Arbeitsauftrag", der bei jedem einzelnen Hund dieser Rasse unterschiedlich stark ausgeprägt ist. Hütehunde wollen beschützen und Jagdhunde sind oft nur schwer zu stoppen, wenn sie eine Fährte aufgenommen haben.

Je besser Sie über „das Erbe" Ihres Hundes informiert sind, desto besser wissen Sie, warum er wie reagiert, wo Risiken für Ihre Kinder lauern und wie Sie dem Hund einen Ausgleich für seine Bedürfnisse schaffen können.

WAS ELTERN WISSEN SOLLTEN ÜBER DIE WÜNSCHE IHRES KINDES

Kinder lieben Tiere – in Geschichten, im Fernsehen und natürlich besonders in Fleisch und Blut. Für Kinder ist ein Hund eine besondere Bezugs-„Person" in der Familie.

Der Hund hat mehr Zeit und Geduld als Mama und Papa, er ist nicht so nachtragend oder egoistisch wie Bruder oder Schwester, ist wärmer und weicher als jedes Stofftier, geduldiger Zuhörer, bester Freund, ständiger Begleiter, tapferer Beschützer und gleichzeitig ein lebhafter Spielkamerad.

Dabei steht nach den Untersuchungen von Prof. Dr. Reinhold Bergler aus Bonn die „Action" mit dem Hund im Vordergrund: Spielen, Spazierengehen, Toben, Radfahren oder Kunststücke beibringen. Leider lauern genau bei diesen Tätigkeiten besondere Gefahren für Kinder, auf die wir in den folgenden Kapiteln eingehen werden.

MACHEN SIE SICH EIN BILD

Welche speziellen Wünsche verbindet Ihr Kind mit einem Hund? Lassen Sie es ein Bild malen, wie sein Traumhund aussieht und wie es sich das Zusammenleben mit dem Hund vorstellt. Anhand dieses Bildes können Sie sich gemeinsam mit den Wünschen und der Realität auseinander setzen. (Vielleicht können Sie auch Ihre Wünsche und Gedanken aufmalen, um ins Gespräch zu kommen?)

Malt Ihr Kind einen Bernhardiner in eine Zweizimmerwohnung? Oder hat Ihr Schulkind vielleicht die kleine Schwester im Krabbelalter völlig vergessen, gar nicht gemalt? Schläft der Hund auf dem Bild mit im Bett, oder hat er ein Körbchen, einen Napf, eine Leine, Spielzeug und anderes? Schätzt das Kind die Fähigkeiten des Hundes realistisch ein, oder sitzt er zum Beispiel am Steuer eines Autos, verteidigt die Familie mit einer Pistole, geht einkaufen und hilft bei den Hausaufgaben?

Sprechen Sie mit Ihrem Kind über die Bilder und die Dinge, die Ihnen auffallen. Sprechen Sie über die Bedenken, die Sie haben (zum Beispiel: wohin mit dem Hund im Urlaub?) und lassen Sie es immer wieder die Antworten malen. Dadurch setzt es sich mit seinem Wunsch intensiv auseinander und kommt vielleicht auf Lösungen, die Ihnen gar nicht eingefallen sind.

PROBIEREN GEHT ÜBER STUDIEREN

Bleiben Sie nicht bei theoretischen Überlegungen. Warum „leihen" Sie sich nicht erst mal bei Freunden einen Hund für einen Tag, ein Wochenende oder die Ferien? Oder Sie gehen ein paar Wochen lang regelmäßig mit einem Hund aus dem Tierheim spazieren. So werden Sie schnell merken, ob Ihre Familie das Interesse verliert oder bei der Stange bleibt und wie reif Ihr Kind sich mit dem Hund benimmt. Auch eine Tierhaarallergie kann man häufig erkennen, bevor der Welpe unterm Weihnachtsbaum liegt.

WAS ELTERN WISSEN SOLLTEN ÜBER IHRE EIGENEN WÜNSCHE, ÄNGSTE UND AUFGABEN

Immer wieder erliegen Eltern der Versuchung, einen Hund „nur für ihr Kind" anzuschaffen, weil der Nachwuchs quengelt, obwohl sie selbst eigentlich gar kein Interesse daran haben. Die Versuchung ist groß, denn Film und Fernsehen zeigen es täglich: Zu einer glücklichen Familie gehört einfach ein Hund! Und der Welpe hat sooo niedlich geguckt ...

Wenn Sie sich spontan aus diesen oder ähnlichen Gründen einen Hund anschaffen, ist das fatal, denn Sie als Erwachsene haben die volle Verantwortung für das Tier, die volle Verantwortung für Versorgung, Pflege, Kosten und Erziehung. Sie können und sollten Ihr Kind daran beteiligen, Sie dürfen es ihm aber nie allein und unkontrolliert überlassen, damit ist es in jedem Fall und jedem Alter überfordert!

WELCHER HUND PASST ZU UNS?
Ein Wunsch eint alle Eltern: Sie hoffen, dass alles möglichst reibungslos läuft. Sie hoffen, dass der Hund sich mit dem Kind genauso gut verträgt wie mit Nachbarn,

Ein Hund mit einem starken Schutztrieb ist ein zuverlässiger Beschützer – aber er lässt vielleicht auch Freunde nicht mehr ins Haus. Foto: Infohund/Eva-Maria Krämer

Hauswirten und Freunden. Das bedeutet, dass Sie sich mit dem individuellen Charakter Ihres Wunsch-Hundes, dem möglichen „Arbeitsauftrag" seiner Rasse (siehe Seite 19) und dem, was Ihre Umgebung mit diesem Hund verbinden wird, vor der Anschaffung genau auseinander setzen sollten. Ein Dalmatiner beispielsweise trägt durch den Disney-Film das Prädikat „kinderfreundlich", ist aber für Ihre Kinder vielleicht zu groß und kräftig, braucht besonders viel Auslauf und kann bei Unterforderung seine Geduld verlieren.

Ein Welpe erobert natürlich Eltern- und Kinderherzen im Sturm, aber sind Sie und Ihre Kinder einer kompletten Hundeerziehung gewachsen? Oder könnten Sie sich auch mit einem älteren Hund anfreunden, vielleicht sogar aus dem Tierheim? Dann können Sie genauer auswählen, wie gut Ihr Hund schon erzogen ist und auf welche Körpergröße und welche Charaktereigenschaften Sie sich einlassen. Dafür wissen Sie natürlich vielleicht nicht alles über seine Vorgeschichte.

WÜNSCHE ABSTIMMEN

Die Klärung auch Ihrer eigenen Wünsche und Ansprüche hilft Ihnen dabei, den richtigen Hund für Ihre Familie zu finden, die anfallenden Aufgaben zu verteilen oder die richtigen familiären Regeln für Ihren Hund aufzustellen. Welche Aufgaben soll Ihr Hund haben? Sind Ihre Vorstellungen praktikabel? Wenn Sie einen Hund als Beschützer für Ihr Kind anschaffen wollen, haben Sie dann auch bedacht, dass er vielleicht Ihre Besucher oder Freunde des Kindes nicht ins Haus lässt?

Eltern müssen sich dabei keineswegs einig sein: Während Mutter vielleicht eine majestätische Dogge als Begleitung beim Joggen zu ihrem Traumhund erklärt, hat Vater vielleicht Angst vor allem, was größer als ein Pudel ist.

Stimmen Sie Ihre Vorstellungen mit denen Ihres Kindes ab. Will Ihr Sohn vielleicht ein kuscheliges Wollknäuel, und Sie wissen schon im Vorfeld, dass Sie sich damit albern vorkommen werden?

Wichtig ist, dass Sie die Regeln gemeinsam verabreden und Eltern wie Kinder sich konsequent daran halten. Maßstab sollte immer die Rücksicht auf das empfindlichste Familienmitglied sein.

Achten Sie darauf, dass wirklich jedes Familienmitglied sich mit dem Hund anfreunden kann – alles andere bedeutet Dauerstress für Mensch und Tier.

Wenn ein Familienmitglied Angst vor dem Hund hat, leidet die ganze Familie samt Hund darunter. Die Angst der Eltern oder eines Elternteiles überträgt sich auf die Kinder.

Sie beobachten sehr genau, ob die Eltern sich einem Hund selbstsicher oder eher zitternd nähern. Und auch für den Hund kann ein ängstlicher Erwachsener keine Autorität ausstrahlen. (siehe Seite 79)

HYGIENE VON HUND UND KIND

Eine der häufigsten Eltern-Sorgen ist, dass sich die Kinder beim Hund mit irgendetwas anstecken könnten. Dem können Sie vorbeugen, indem Sie besonders darauf achten, dass Ihr Hund gesund, regelmäßig geimpft und entwurmt ist und Ihr Kind die üblichen Hygieneregeln einhält (Hän-

Vielleicht igitt, aber ungefährlich ist so eine feuchte Liebeserklärung bei einem gesunden Hund.
Foto: Infohund/Eva-Maria Krämer

dewaschen nach dem Kuscheln und vor dem Essen, nicht den Hund auf die Schnauze küssen, nicht am Hundespielzeug lutschen und Ähnliches). Mehr können Sie kaum tun.

Allgemein nachgewiesen ist inzwischen, dass übertriebene Hygiene Kinder eher krank und allergisch macht, weil sie so keine Abwehrstoffe entwickeln.

Ach ja: Und Zecken kann sich Ihr Kind auch holen, wenn es ohne Hund im Wald spielt.

HAFTPFLICHTVERSICHERUNG

Egal, wie groß, egal, wie schwer, egal, welche Rasse: Eine Haftpflichtversicherung sollte für jeden Hund selbstverständlich sein. Denn egal ob er nach einem fremden Kind schnappt, das Modellauto eines Nachbarskindes jagt und fängt oder ein kleines Mädchen vom Fahrrad fällt, weil es Ihrer niedlichen Bella nachgeschaut hat: Sie haften!

§ 833 Satz 1 des Bürgerlichen Gesetzbuches sagt: „Wird durch ein Tier ein

Mensch ... verletzt oder eine Sache beschädigt, so ist derjenige, der das Tier hält, verpflichtet, dem Verletzten den daraus entstehenden Schaden zu ersetzen." Vom Verschulden des Halters ist da nirgendwo die Rede – es nützt also nichts, zu denken „Ich passe ja immer gut auf!" Sie haften in jedem Fall.

„Der will nur spielen." So eine Situation kann teuer werden.
Foto: Infohund/Eva-Maria Krämer

TIPPS ZUR HAFTPFLICHT-VERSICHERUNG

- *Im Jahr der Anschaffung können Sie den Hund in Ihre persönliche Haftpflichtversicherung mit aufnehmen lassen, danach sollten Sie eine separate Tierhalter-Haftpflicht abschließen.*
- *Wählen Sie mindestens zwei Millionen Mark Versicherungssumme, denn Schadenersatz und Folgekosten explodieren schnell.*
- *Wählen Sie die gleiche Versicherungsgesellschaft, bei der Sie auch Ihre Privathaftpflicht abgeschlossen haben. Häufig lassen sich Schäden nicht eindeutig zwischen Hund und Halter trennen.*
- *Bei mehreren Hunden gilt: Jedes Tier braucht eine eigene Versicherung.*

„CHIPPEN"

Stellen Sie sich vor, was es für Ihr Kind bedeutet, wenn Ihr Hund gestohlen wird oder einfach wegläuft. Eine wichtige, aber noch recht unbekannte Sicherheitsvorkehrung ist ein dem Hund eingepflanzter Computerchip, den wir allen Eltern ans Herz legen wollen. Der Chip ist wenige Millimeter groß und wird vom Tierarzt einmalig mit einer Spritze unter die Haut gesetzt, meist links am Hals des Hundes. Mit einem Lesegerät können Behörden und Tierärzte eine fest gespeicherte und international registrierte Nummer abrufen, ähnlich wie bei einer Metalluntersuchung am Flughafen.

Das so genannte „Chippen" kostet zwischen 50 und 100 Mark. Der Hund spürt nur den ersten Stich, danach bemerkt er den Chip nicht mehr. Der Chip sendet oder strahlt nicht, sondern das Lesegerät ruft die Kennziffer über eine Induktionsschleife ab. Das Ganze ist also völlig ungefährlich und dient ausschließlich der Sicherheit Ihres Hundes.

In einigen Bundesländern, für einige Rassen oder bei Reisen in einige fremde Länder (zum Beispiel Großbritannien) ist das so genannte „Chippen" inzwischen vorgeschrieben.

Was Eltern wissen sollten über Erziehung im Allgemeinen

Auch wenn es vielleicht auf den ersten Blick seltsam ist: Bei der Erziehung von Kindern und Hunden gibt es einige Parallelen:

- Kinder und Hunde lernen am Vorbild. Beide beobachten, was andere tun, und reagieren insbesondere auf Stimmungen und Atmosphäre.
- Kind und Hund brauchen eine Führung, der sie vertrauen können. Autorität ist dabei nicht zu verwechseln mit autoritär!
- Die Erziehung von Kind und Hund erfordert viel Zeit und Aufmerksamkeit.

Und wie können Sie optimale Lernbedingungen schaffen?

- Sowohl Hund als auch Kind fühlen sich wohl, wenn sie gelobt werden, positive Erfahrungen machen, eine vertraute Umgebung haben, Anregungen und kleine Aufgaben bekommen und sich hin und wieder austoben dürfen.
- Sie brauchen Aufmerksamkeit, Verlässlichkeit, Nähe, Liebe und körperliche Zuwendung.
- Konsequenz und Klarheit sind Zauberworte. Sind Regeln und Grenzen unklar oder dürfen immer mal wieder durchbrochen werden, wissen weder Kind noch Hund, wann sie sich dran halten müssen und wann nicht. Das macht aufmüpfig und unsicher.

Kinder und Hunde haben einiges gemeinsam. Unter anderem lernen sie durch Beobachten am Vorbild.
Foto: Infohund/Eva-Maria Krämer

- Familien-Rituale wie feste Essenszeiten oder gemeinsame Unternehmungen schaffen Sicherheit und Geborgenheit für Kind und Hund.

POSITIVE VERSTÄRKUNG

Besser als Strafen und Vorhaltungen bei Fehlern wirken bei Kind und Hund kleine Belohnungen für Dinge, die sie richtig gemacht haben.

Hinter dieser simplen Weisheit stecken ganze Erziehungssysteme (zum Beispiel Clickertraining), über die Sie viele Bücher finden werden. Seit einigen Jahren setzt sich diese Erkenntnis, dass Motivation mehr bewirkt als Angst, mehr und mehr durch. Das schlägt sich auch in allen unseren Tipps und Hinweisen und im Buchhandel nieder.

In Bezug auf Hund und Kind gibt es aber einen wichtigen und sicherheitsrelevanten Aspekt: Wird ein Hund durch Lob und „positive Verstärkung" erzogen statt durch Druck und Zwang, können Sie viel leichter auch Ihre Kinder bei der Erziehung helfen lassen.

Wenn das Kind nämlich Fehler macht, ist das bei positiver Erziehung nicht so schlimm. Ein Hund, der gelobt wird, ohne den Grund zu verstehen, freut sich einfach darüber.

Wird er aber bestraft, ohne zu wissen warum, wird er im besten Fall ängstlich und unsicher; wenn Sie Pech haben, fühlt er sich attackiert und setzt sich zur Wehr.

WAS ELTERN WISSEN SOLLTEN ÜBER HUNDE-ERZIEHUNG

Stellen Sie sich einen Hund vor, der zehn Jahre lang immer Essen vom Tisch bekam. Kann man ihm das Betteln abgewöhnen? Wenn Sie jetzt glauben „Nein, der ist zu alt dafür", dann liegen Sie falsch.

Stellen Sie sich die Situation andersherum vor: Ein Hund hat zehn Jahre lang nie etwas bekommen und bettelt nicht. Dann lässt Ihr kleines Kind plötzlich regelmäßig Brotstücke oder Breikleckse vom Tisch fallen. Was glauben Sie, wie lange es dauert, bis er es beim Essen nicht mehr aus den Augen lässt? Wahrscheinlich noch nicht mal eine Woche.

Daraus folgen zwei wichtige Grundsätze der Hunde-Erziehung:

1. Ein Hund ist das ganze Leben lang lernfähig.

2. Er tut nichts, um uns zu gefallen oder uns zu ärgern, sondern nur, weil er sich einen direkten Vorteil davon verspricht – zum Beispiel ein Lob oder das Vermeiden einer Strafe, die ihn sonst erwartet.

Diesen „Egoismus" des Hundes können wir prima nutzen, um ihn zu erziehen. Moderne Hundeerziehung versucht dabei, möglichst komplett auf Strafen zu verzichten und den Hund ausschließlich mit Lob, Spielen oder Leckerchen zu motivieren. Aber wie lernt eigentlich ein Hund?

Diese fürsorgliche Geste hat Folgen: Beim nächsten Essen wird der Hund betteln. Foto: Infohund/Eva-Maria Krämer

VERKNÜPFUNG

Hunde verknüpfen Dinge miteinander, die häufig sehr kurz (wenige Sekunden) nacheinander passieren. Immer wenn es klingelt, stürzt Frauchen zur Tür und Besuch stört die Familienruhe, es ist Aufregung. Die Folge: Der Hund bellt. Oder: Wenn das Kind dem Hund die Hand hinhält und „Gib Pfötchen" sagt, und der Hund die rechte Pfote hebt, gibt es ein Leckerchen.

Für die Erziehung wichtig ist die Erkenntnis, dass Verknüpfungen verblassen, wenn sie nicht regelmäßig aufgefrischt werden.

Dabei verknüpft Ihr Hund Gelerntes immer mit einer bestimmten Situation, einem bestimmten Tonfall oder einem bestimmten Menschen. Er kann nicht „generalisieren", das bedeutet: „Sitz" im Garten muss für den Hund nicht „Sitz" in der Küche bedeuten – das müssen Sie ihm beibringen. Und wenn der Hund bei Ihnen „Aus" beherrscht, wird er das mit dem Kind sehr wahrscheinlich trotzdem neu lernen müssen. Außerdem sollten Sie Lernsituationen möglichst häufig verändern, nur der Befehl und Ihre Reaktion auf sein Handeln sollten gleich bleiben. Das Gute daran ist, dass Ihr Hund neue Dinge lernen kann, indem Sie Situationen verändern. Selbst wenn er immer auf dem alten Sofa sitzen durfte, können Sie ihm mit der nötigen Konsequenz beibringen, dass die neue Couch tabu ist.

Und vielleicht können Sie auch einem alten Hund mit diesem „Trick" das Betteln abgewöhnen:

Nutzen Sie zum Beispiel einen Umzug oder den Zeitpunkt, wenn Sie sowieso das Esszimmer frisch gestrichen haben. Stellen Sie den Esstisch um, ändern Sie die Sitzordnung und schicken Sie den Hund von nun an ins Körbchen, wenn Sie essen. Am wichtigsten ist, dass ab sofort alle Familienmitglieder hundertprozentig kon-

sequent darauf achten, den Hund beim Essen nicht mehr zu beachten und ihm nichts mehr vom Tisch zu geben. Sollte er dann noch ein besonderes Leckerchen bekommen, wenn er brav im Körbchen geblieben ist, haben Sie eine reelle Chance.

Versuch und Irrtum

Will der Hund etwas erreichen, probiert er verschiedene Verhaltensweisen aus. Was sich als unnütz erweist, lässt er irgendwann. Was zu Erfolg führt, merkt er sich. Wenn Sie also Ihrem Hund etwas abgewöhnen wollen, sollten Sie dafür sorgen, dass er damit niemals mehr sein Ziel erreicht.

Wird das Heben der Pfote mit einem Leckerchen belohnt, lernt der Hund ganz schnell „Gib Pfötchen".
Foto: Ulrike Schanz

Auch beim Lernen durch Versuch und Irrtum ist es wichtig, dass der Erfolg ziemlich schnell (wenige Sekunden) nach dem Ausprobieren eintritt.

Gewöhnung und Desensibilisierung

Der Hund gewöhnt sich an bestimmte Gerüche, Verhaltensweisen oder Lärmpegel. Das ist besonders wichtig im Umgang mit Kindern: Wenn Ihr Hund beispielsweise empfindlich auf Berührungen am Bauch reagiert, sollten Sie ihn häufiger dort anfassen und daran gewöhnen, denn bei Ihrem Kind können Sie nicht sicher sein, dass es diese Stelle beim Streicheln meidet. Es ist also wichtig, dass der Hund seine Empfindlichkeit abbaut!

Hunde nicht vermenschlichen

Menschen neigen dazu, ihre eigenen Gefühle und Erfahrungen auf den Hund zu übertragen. Aber menschliche Regungen wie Dankbarkeit oder auch Undankbarkeit, ein schlechtes Gewissen oder Gehässigkeit sind einem Hund fremd.

Wenn Ihr Hund ausreißt und stundenlang nicht zurück kommt, sind Sie wahrscheinlich furchtbar wütend. Sie haben vielleicht im Regen herumgestanden, viele Male nach dem Hund gerufen, sich vor anderen Spaziergängern blamiert, sich Sorgen gemacht, dass er nie wieder kommt, und dabei Termine verpasst. Der Hund ist vielleicht nicht zum ersten Mal ausgerissen. Und zu allem Überfluss hat er mehrfach kurz aus dem Wald geguckt, Sie gesehen, kurz gebellt und ist wieder verschwunden – und war dabei 50 Meter entfernt.

Dabei ist er nicht schadenfroh immer wieder in den Wald gerannt, sondern schlicht, weil er dort herumschnüffeln wollte. Und wenn er sich ausgetobt hat und zu Ihnen zurückkommt, wedelt er nicht, weil er Sie so prima gefoppt hat, sondern weil er sich auf eine Streicheleinheit freut.

Sie stehen jetzt vor einer der schwersten Aufgaben bei der Hundeerziehung: Selbstkontrolle. Wenn Sie jetzt Ihre Wut rauslassen und mit ihm schimpfen, wird er beim nächsten Mal vielleicht noch schlechter gehorchen, weil er die Strafe mit der Rückkehr verknüpft hat. Im Gegenteil, Sie sollten ihn loben, damit er beim nächsten Mal zurückkommt, wenn Sie rufen, weil er sich auf das Lob freut.

Er lernt nichts, weil Sie es von ihm erwarten, sondern nur weil er sich einen direkten Vorteil davon verspricht. Sie sollten ihn nicht bestrafen oder loben, weil er es verdient hat, sondern nur, weil Sie damit sein Verhalten ändern wollen. Menschen müssen dafür Ihre Gefühle sehr genau kontrollieren können. Das ist schwer.

Für Kinder meist zu schwer, deshalb können und dürfen Sie die Erziehung des Hundes niemals allein Ihrem Kind überlassen. Hundeschulen können dabei helfen. (Siehe Seite 30)

Gibt es „richtige Strafen"?

So wunderbar Lob, Leckerchen und Motivation bei der Hundeerziehung auch wirken – gänzlich lässt sich auf Verbote und Strafen nicht verzichten. Manche Verhaltensweisen wie Anspringen, Spielzeug

In einer guten Hundeschule lernen der Hund, Ihre Kinder und Sie. Foto: Ulrike Schanz

klauen oder anfressen müssen – insbesondere zum Schutz Ihrer Kinder – dringend unterbunden werden. Und zwar in zwei Schritten:

1. Rufen Sie deutlich „Aus"!

2. Hindern Sie den Hund nachhaltig daran, die unerwünschte Verhaltensweise zu wiederholen.

Wenn Sie Ihren Hund anschreien oder schlagen, schüchtern Sie ihn nur ein und machen ihn ängstlich. Im schlimmsten Fall führt das sogar dazu, dass er nachhaltig etwas Negatives mit Ihrem Kind ver-

knüpft, und das kann zu einer echten Gefahr werden. Mehr über die richtigen Erziehungs-Methoden finden Sie in entsprechender Fachliteratur oder bei einer geeigneten Hundeschule.

WIE FINDE ICH DIE RICHTIGE HUNDESCHULE?

- *Dürfen Sie bei der Arbeit zuschauen, bevor Sie sich zur Schulung anmelden?*
- *Sind Ihnen persönlich die Trainer sympathisch?*

- Haben Sie das Gefühl, dass die Hunde dort gerne lernen?
- Können Sie sich vorstellen, den Erziehungsstil dieser Schule mit Ihrem Hund fortzuführen?
- Interessiert sich der Trainer/die Trainerin für die Lebensumstände, unter denen Sie Ihren Hund halten?
- Wurden Sie gefragt, wegen welcher besonderen Fragen oder Probleme Sie in die Hundeschule kommen?
- Haben Sie die Wahl zwischen Einzel- und Gruppenunterricht?

Je mehr Fragen Sie mit „Ja" beantworten können, desto besser.

WAS ELTERN WISSEN SOLLTEN ÜBER DIE KINDGERECHTE VERMITTLUNG VON REGELN

Kennen Sie Astrid Lindgrens Geschichte „Ronja Räubertochter"? Als Ronja das erste Mal alleine in den Wald geht, warnt ihr Vater sie davor, in den Fluss zu fallen. „Und was mache ich, wenn ich in den Fluss falle?" „Dann schwimmst du." „Na, dann", sagt Ronja, die noch nicht schwimmen kann, und geht in den Wald.

Die Szene spiegelt äußerst realistisch wider, wie hilflos Eltern oft versuchen, ihr vorausschauendes Wissen ans Kind weiterzugeben. Kinder haben den natürlichen Drang,

Bei Kindern unter zehn Jahren gehen Regeln und Sachwissen noch manchmal in Gefühlen unter. Foto: Gaby Abels

ihre eigenen Erfahrungen zu machen. Im Zusammenleben mit einem Hund allerdings besteht das Risiko, dass Ihr Kind bei einer dieser „eigenen Erfahrungen" gebissen wird, und dieses Risiko sollten Sie so gering wie möglich halten. Dabei helfen weder besonders eindringliches Reden noch Druck, Ermahnungen oder Vorwürfe.

Das Einzige, was helfen kann, ist die kindgerechte Vermittlung von Sicherheitsregeln.

KINDGERECHTE VERMITTLUNG

1. Ständige Beaufsichtigung und Kontrolle sind für den Familienalltag unrealistisch. Außerdem schaffen sie eine Atmosphäre des Misstrauens.

Setzen Sie stattdessen auf die Vernunft und die Einsicht Ihres Kindes, indem Sie die „Zügel locker lassen", während Sie in Griffweite sind.

Dieses bisschen Kontrolle wird Ihnen natürlich nicht erspart bleiben. Außerdem können auch die vernünftigsten Kinder Regeln und Absprachen vergessen oder mal über die Stränge schlagen.

2. Worte bleiben in Kinderköpfen stecken. Sie erreichen nicht die Gefühlswelt der Kinder – und das ist für das Lernen sehr wichtig. Je intensiver sie die Bedürfnisse eines anderen Lebewesens kennen und erleben, umso bereitwilliger werden sie diese akzeptieren.

Knüpfen Sie darum mit Erklärungen immer an der Erfahrungswelt Ihrer Kinder an und versuchen Sie, möglichst viele Sinne anzusprechen (zum Beispiel Bilderbücher vorlesen, anschauen und nachspielen).

3. Strenge Regeln und willkürliche Verbote reizen Kinder besonders, „gute Gelegenheiten" zu nutzen, um Regeln zu brechen. Die Erfahrung zeigt, dass es Kindern viel leichter fällt, sich an Regeln zu halten, wenn sie beim Aufstellen der Regeln beteiligt waren, wenn ihre Erfahrungen und Lösungsvorschläge gehört und ernst genommen wurden.

4. Ermahnungen, Vorhaltungen oder Schwarzmalerei haben noch nie zu „reifem" Verhalten geführt. Verantwortung lernen Kinder nur, wenn Sie ihnen Verantwortung überlassen.

Druck kann dazu führen, dass Ihr Kind ihn an den Hund weitergibt und sich „rächt". Stattdessen sollten Sie Kindern sachlich die Folgen ihres Handelns erklären.

Wenn das Kind den Hund kneift und so zum Beißen provoziert, wird der Hund vielleicht grundsätzlich aggressiv gegen Kinder und muss zurück ins Tierheim.

ELTERN BLEIBEN ELTERN

Bei aller Partnerschaftlichkeit dürfen Sie nicht vergessen: Wenn es hart auf hart kommt, haben Sie die Führungsrolle in Ihrer Familie und geben die Richtung an. Wo Kinder in Gefahr geraten, gibt es kein Ausdiskutieren mehr!

Bis zu dieser Grenze allerdings möchten wir Ihnen Mut machen, Ihre Kinder dem Alter angemessen mit in die Verantwortung zu nehmen (Siehe Seite 55). Das fördert das Selbstvertrauen – wichtige Bausteine einer Persönlichkeit, die nicht zuletzt irgendwann selbst „Alpha-Tier" für einen Hund werden kann.

Wenn Ihr Hund ...

WENN IHR HUND NICHT GEHORCHT ...

... dann sollten Sie dringend etwas dagegen unternehmen – alles andere kann zum Sicherheitsrisiko werden. Sie als sein „Alpha-Tier" müssen ihm alles beibringen, was er können soll. Wie ein Hund lernt, haben wir ab Seite 26 bis 30 beschrieben.

Was das für Ihre Erziehung heißt, erfahren Sie am besten in einer guten Hundeschule. Sowohl Eltern als auch Kinder bekommen dort wertvolle Tipps und tatkräftige Unterstützung, was sie vielleicht bei der Hundeerziehung verbessern können. Eigentlich gehen nämlich Sie dort in die Lehre, nicht Ihr Hund. (Siehe Seite 30)

WAS MUSS MEIN HUND KÖNNEN?

Die Ansprüche an das, was ein Hund können soll, sind unterschiedlich. Ein Muss – besonders mit Blick auf die Sicherheit von Kindern – sind die Grundbefehle

- „Sitz" oder Platz",
- „Bleib",
- „Komm" und
- „Aus" oder „Nein".

Damit kann man einen Hund bei Bedarf von Kindern oder ihrem Spielzeug fern halten – das Mindestmaß an Sicherheit. Außerdem sollte er gewisse Dinge grundsätzlich und nicht nur auf Befehl beherrschen: Stubenrein sein, nichts vom Tisch klauen, nicht auf die Straße laufen und Ähnliches. Hier spielen Ihre persönlichen

Ansprüche eine wichtige Rolle. Nach oben ist diese Liste beliebig erweiterbar. Jeder Hund kann „Sitz" und „Platz" unterscheiden oder apportieren lernen. Außerdem kann man jeden der Grundbefehle noch „verbessern". Macht Ihr Hund auch „Sitz", wenn er einige Meter von Ihnen entfernt ist? Kommt er auch, wenn jemand anderes ihn ruft oder wenn er einer Fährte folgt? Pfötchen geben oder andere Kunststückchen gehören eher zur Kür.

In jedem Fall gilt: Lernen und gemeinsames Training festigen die Bindung zwischen Mensch und Hund, verschaffen beiden Erfolgserlebnisse und machen Spaß. Außerdem sind unterforderte Hunde schnell unausgeglichen.

WENN DER HUND DEM KIND NICHT GEHORCHT

Es ist wichtig, dass Ihr Hund auch Ihrem Kind gehorcht – spätestens ab dem Alter, wo das Kind beim Spaziergang die Leine hält. Dabei verknüpfen Hunde bestimmte Befehle mit einer bestimmten Situation, einem Ort oder einem bestimmten Menschen. Hört also Ihr Hund auf einen Befehl bei Ihnen, aber nicht beim Kind, hat er

Die Mutter hält den Hund locker an der Leine, das Kind gibt das Kommando „Platz". Erste Reaktion des Hundes: Ein fragender Blick zum „Alphatier"...

Das Leckerchen in der Hand des Jungen überzeugt. Der Hund wird in Position „Platz" gelockt.

Der Hund macht „Platz". Das Kind lobt ihn und belohnt ihn mit dem verdienten Leckerbissen
Fotos: Andreas Zobe

wahrscheinlich nicht gelernt, dass das Kommando immer gilt, egal, wer es gibt. Bei Erziehungsübungen mit Ihrem Kind sollten Sie dringend beachten, dass das Kind niemals Druck oder körperliche Gewalt anwenden sollte.

Gerade bei Kindern ist es besonders wichtig, dass Sie nur positiv durch die „drei L" erziehen: Locken, Lob und Leckerchen. (Siehe Seite 26)

WENN IHR HUND AN DER LEINE ZIEHT ...

... dann ist das für Erwachsene lästig und anstrengend – bei Kindern kann es sehr schnell zu Unfällen kommen! Sie sollten Ihrem Hund das Ziehen von Anfang an nicht durchgehen lassen, denn jedes Mal, wenn Sie hinter ihm hertraben, lernt er, dass das Ziehen ihn an das Ziel seiner Wünsche bringt.

ELTERN-KIND-TRAINING
Üben Sie an einem Ort mit möglichst wenig Ablenkungen für Kind und Hund. Halten Sie Ihren Hund an der lockeren Leine. Das Kind gibt ein Kommando mit lauter, sicherer Stimme, das der Hund bei Ihnen sicher beherrscht („Sitz") und eventuell einem Handzeichen. Sie unterstützen das Kommando des Kindes nicht.

Wenn der Hund gehorcht, geht das Kind zum Hund und lobt ihn, eventuell sogar mit Leckerchen.

Wenn der Hund nicht gehorcht, lockt das Kind ihn mit einem Leckerchen in die richtige Position. Sobald er folgt, lobt ihn das Kind.

Wenn's sicher klappt, steigern Sie die Schwierigkeiten: Üben Sie zum Beispiel in einem Park, wo der Hund abgelenkt ist – er muss dem Kind trotzdem gehorchen. Erst dann übernimmt das Kind die Leine und gibt Kommandos und Sie beobachten das Ganze. Üben Sie das mit jedem Kommando einzeln!

STOP AND GO
Auch wenn es lästig ist: Gehen Sie sehr konsequent nur dann mit dem Hund, wenn die Leine locker durchhängt. Sobald er wieder zieht, bleiben Sie stehen, drehen sich vielleicht sogar in die andere Richtung. Bei lockerer Leine belohnen Sie Ihren Hund dadurch, dass Sie ein paar Schritte machen – loben Sie ihn dabei immer wieder und vergrößern Sie langsam die Abstände. Achten Sie darauf, dass auch Ihre Kinder nicht „immer dort hingehen, wo der Hund hin will". Bei Hunden, die zum Ziehen neigen, ist das kein Spiel, sondern wirft Ihre Erziehung entscheidend zurück!

HILFSMITTEL
Im Tierhandel gibt es zum Beispiel Würge- oder Stachelhalsbänder, die Hunde angeblich vom Ziehen abhalten sollen. Beobachten Sie Hunde, die mit diesen Halsbändern geführt werden: Sie zeigen nur selten Erfolg. Stattdessen können Stachelhalsbänder den Hund böse verletzen.

Kleine Wunden oder Entzündungen unter dem Fell können Hunde aggressiv machen und Beißunfälle provozieren. Würgehalsbänder schnüren dem Hund die Luft ab und können Todesängste auslösen.

Wenn das Stop-and-Go-Training nicht hilft oder um es zu unterstützen, sind die so genannten „Haltis" eine Alternative. Diese lockeren Riemen-Konstruktionen (siehe Foto) sind oft auch in Ländern mit strenger Hundeverordnung als Maulkorbersatz zugelassen. „Haltis" funktionieren ähnlich wie ein Pferde-Halfter: Die Leine wird nicht am Hals, sondern vorne an der Schnauze des Hundes befestigt. So wird der Kopf immer in Richtung der Leine gezogen und Ihr Hund wird die Laufrichtung ändern, anstatt ständig zu ziehen.

Das sogenannte „Halti" ist eine sanfte aber sehr wirkungsvolle „Benimm-Hilfe". Foto: Gaby Abels

WENN IHR HUND FRISST ...

... dann kann er schnell alle seine gelernten Regeln vergessen. Fressen ist für ihn überlebenswichtig. In freier Wildbahn wäre das Fressen sein wichtigster Trieb, das, worum sich der ganze Tag und all sein Trachten dreht. Woher soll er wissen, dass wir sein Futter nicht mögen? Dem Hund ist nicht klar, dass das nächste Futter am nächsten Tag zur gleichen Zeit kommen wird. Darum sollten Sie Kinder grundsätzlich von einem fressenden Hund fern halten. Gerade Kleinkinder, die gerne mit Essen spielen, würden vielleicht auch das Hundefutter gern genauer untersuchen. Im Rudel gilt für den Hund aber: Gefressen wird strikt nach Rangordnung – der Stärkste zuerst. Wer sich vordrängelt, und sei es eine Kinderhand, wird bestraft! Sie sollten auf zwei Ebenen tätig werden:

- Regeln für das Kind
- Training mit dem Hund

REGELN FÜR DAS KIND

- *Der Napf ist kein Spielplatz! Erklären Sie Ihrem Kind das Verhalten im Rudel.*
- *Ein Kind darf den Napf nie alleine füllen und hinstellen! Ein stürmischer Hund kann vielleicht nicht warten. Bleiben Sie dabei!*
- *Ein Kind darf auch einen leeren Napf nicht anfassen. Sicherheitshalber sollten Sie sich angewöhnen, den Napf nach dem Fressen wegzustellen, denn auch ein leerer Napf kann Ihrem Hund unter Umständen heilig sein.*

Diese Situation kann sehr schnell gefährlich werden – auch bei einem gut erzogenen Hund. Foto: Ulrike Schanz

Der Blick des Husky spricht Bände: Er wird seinen Kauknochen verteidigen! Foto: Ulrike Schanz

Ihr Kind wird die Regeln rund ums Füttern besser akzeptieren, wenn Sie auch am Esstisch auf feste Regeln achten: Wir fangen gemeinsam an, hören gemeinsam auf, mit Essen wird nicht gespielt.

TRAINING MIT DEM HUND

Zur Sicherheit Ihres Kindes sollten Sie Ihrem Hund beibringen, dass Ihr Kommando, Ihr Wille über dem Fresstrieb steht. Er sollte nur fressen, wenn Sie es ihm erlauben. Er lernt so, sich zu kontrollieren und beim Fressen nicht alles um sich herum zu vergessen. Im Ernstfall, wenn das Kind am Napf steht, wird er sich dann ebenfalls zurückhalten können, oder Sie können per Kommando eingreifen.

FRESSEN NACH ERLAUBNIS

Nutzen Sie jede Futtersituation zum Training und kontrollieren Sie regelmäßig, ob Ihr Hund sich noch beherrschen kann.

1. *Nehmen Sie den Hund an die Leine und lassen Sie ihn „Sitz" machen.*
2. *Stellen Sie ihm den Futternapf hin. Verhindern Sie mit Leinenruck und „Nein", dass er sich ihm nähert.*
3. *Loben Sie ihn, wenn er nicht mehr nach vorne zieht.*
4. *Fordern Sie ihn erst jetzt zum Fressen auf.*

Erst zu fressen, wenn man darf, und sich beim Fressen stören zu lassen sind zwei völlig verschiedene Aufgaben für Ihren Hund.

Mit den folgenden Übungen können Sie versuchen, seine Reizschwelle zu erhöhen, falls Ihr Kind doch mal in die Nähe des Napfes kommt.

UNTERBRECHUNGEN DULDEN

Üben Sie ohne das Kind und lassen Sie es auch nicht zusehen, damit es nicht auf die Idee kommt, Sie nachzuahmen!

- *Teilen Sie die Mahlzeit in kleine Portionen ein und füllen Sie den Napf während des Fressens immer mal wieder nach, geben Sie ihm die leckersten Stücke immer zuletzt. Dadurch werden Störungen zum freudigen Ereignis.*
- *Legen Sie dem Hund besondere Leckerchen während des Fressens an der Nase vorbei mit in den Napf.*
- *Wenn er diese Dinge akzeptiert, werden Sie frecher. Stupsen Sie ihn während des Fressens an, schieben Sie ihn vom Napf weg, nehmen Sie ihm den Napf weg und geben Sie ihn kurz darauf zurück.*
- *Loben Sie ihn, wenn er sich das gefallen lässt.*

Wenn der Fresstrieb Ihres Hundes zu stark ist, wird er auf das Training nicht reagieren. Dann sollten Sie Ihren Hund beim Fressen grundsätzlich von den Kindern trennen.

WENN IHR HUND NACH FUTTER SCHNAPPT ...

... dann kann schnell mal eine Kinderhand zwischen die Zähne geraten. Gerade das Leckerchen zwischendurch ist aber für das Verhältnis zwischen Kind und Hund sehr wichtig. Sie sollten also Ihrem Hund beibringen, Leckerchen vorsichtig zu nehmen und mit Ihrem Kind üben, wie man Futter richtig gibt.

SCHNAPPEN SINNLOS

1. *Nehmen Sie ein Leckerchen für den Hund gut sichtbar in die Hand.*
2. *Wenn der Hund schnappen will, schließen Sie die Hand um das Leckerchen, so dass es für den Hund verschwindet. Rufen Sie „Aua" und drehen Sie sich weg.*
3. *Der Hund bekommt das Leckerchen erst, wenn er nicht mehr hochsteigt. Loben Sie ihn.*
4. *Geben Sie es ihm immer später, bis Sie es ihm direkt vor die Nase halten können und er erst vorsichtig zugreift, wenn Sie „Nimm" sagen.*
5. *Wenn er das beherrscht, ärgern Sie ihn, wie Kinder es tun würden: Hinhalten, vor der Nase damit wedeln und derlei. Er bekommt es erst, wenn er vorsichtig bleibt.*
6. *Trick für Fortgeschrittene: Legen Sie ihm das Leckerchen direkt auf die Nase. Der Hund muss es so lange balancieren, bis Sie „Nimm" sagen.*

LECKERCHEN RICHTIG GEBEN

Vier Dinge sollte Ihr Kind beherrschen, wenn es dem Hund Leckerchen gibt:
1. Hand nicht wegziehen
2. Hand mit Futter nicht hochhalten
3. Futter flach auf die Hand legen
4. Bei Angst das Futter fallen lassen

Gerade kleinere Kinder sollten Sie nicht unbedingt sofort am Hund üben lassen. Auch wenn Sie Ihrem Nachwuchs die Regeln in Ruhe erklären und ihm vormachen, wie es geht, kann er seine Reflexe vielleicht noch nicht ausreichend kontrollieren. Gehen Sie kein Risiko ein, mancher kleine Biss prägt ein Kind sein Leben lang.

An einer (ungeduldigen) Handpuppe kann Ihr Kind das Füttern angstfrei üben ...

... dann klappt es auch in der Praxis problemlos.
Fotos: Infohund/Eva-Maria Krämer

WENN IHR HUND IM WEG LIEGT ODER SICH VORDRÄNGELT ...

... dann kann das ein Zeichen dafür sein, dass Ihr Hund auf Ihr Kind eifersüchtig ist. Im Rudel hat der unterlegene Hund aufzustehen und aus dem Weg zu gehen, wenn sich ein überlegenes Tier nähert.

KINDER GEHEN VOR

- *Achten Sie darauf, dass der Hund Ihnen oder Ihrem Kind aus dem Weg geht.*
- *Geben Sie Ihrem Kind aktiv den Vortritt. Hindern Sie den Hund mit der Leine oder per Befehl daran, vor dem Kind durch eine Tür oder eine Treppe hinaufzugehen. Lassen Sie ihn erst auf Befehl des Kindes folgen.*
- *Achten Sie aber darauf, dass Ihr Kind den Hund daraufhin nicht dauernd von seinem Platz verscheucht, denn auch ein Hund hat eine Privatsphäre und will manchmal seine Ruhe haben.*

Führen Sie lieber eine Handpuppe und lassen Sie das Kind diese so lange füttern, bis es die Regeln sicher beherrscht. Ganz wichtig:

Lassen Sie die Puppe auch mal hektisch das Futter fordern und zuschnappen, damit das Kind auch diese Erfahrung kennen lernt und üben kann, die Hand dann ruhig zu halten und nicht wegzuziehen.

In den ersten Wochen, wenn nicht Monaten, sollten Sie immer bei dem Kind stehen, wenn es dem Hund ein Leckerchen gibt, damit Sie notfalls eingreifen können.

WENN IHR HUND KNURRT, WÜTEND BELLT ODER SCHNAPPT ...

... dann sind das Zeichen von Aggression, die Sie äußerst ernst nehmen sollten! Suchen Sie sofort nach der Ursache. Hat Ihr Kind den Hund geärgert, versucht, ihm ein Spielzeug wegzunehmen, oder ihn

In den meisten Fällen schnappt ein Hund aus Reflex (weil er zum Beispiel schläft, und ein Kind über ihn fällt), oder weil er geärgert oder, wie hier, herausgefordert wurde. Foto: Ulrike Schanz

beim Schlafen gestört, dann trennen Sie die beiden sofort und erklären Sie Ihrem Kind, dass auch ein Hund eine Privatsphäre braucht. (Siehe Seite 71)

Ist kein Grund erkennbar, ist oberste Vorsicht geboten! Normalerweise sollten Ihre Kinder für Ihren Hund tabu sein. Vielleicht ist Ihr Hund eifersüchtig? Verbindet er etwas Negatives mit Ihrem Kind?

Kann er den Eindruck haben, dass er immer dann Zuwendung von Ihnen bekommt, wenn das Kind nicht da, oder im Bett ist? (Siehe Seite 83)

KINDER SIND TABU – KURZFRISTIGE MASSNAHMEN:

- *Verbieten Sie Ihrem Hund aggressive Äußerungen mit „Aus"!*
- *Achten Sie darauf, dass der Hund nicht durch zu harte Strafen (Wegsperren oder Klapse) beginnt, Negatives mit Ihrem Kind zu verknüpfen!*
- *Bedenken Sie: Ihr Hund knurrt oder schnappt, und damit ist die Sache für ihn erledigt. Wenn Sie ihm dafür stundenlang böse sind, wird er das nicht zuordnen können.*

- *Andererseits müssen Sie aufpassen, dass Sie ihn nicht durch zu viel Aufmerksamkeit für seine Aggression belohnen.*

Die kurzfristigen Maßnahmen gelten auch, wenn die Kinder nicht zum Familienrudel gehören. Wenn Ihr Hund speziell fremde Kinder anknurrt, sollten Sie Kontakte vermeiden oder nur mit Leine zulassen. (Siehe Seite 44)

KINDER SIND TABU – LANGFRISTIGE MASSNAHMEN:
Verschaffen Sie dem Hund positive Erlebnisse mit dem Kind. Hier ein paar Beispiele:
- *Lassen Sie das Kind beim Füttern helfen. (Siehe Seite 37)*
- *Gehen Sie gemeinsam spazieren, sobald das Kind nach Hause kommt.*
- *Achten Sie darauf, dass das Kind den Hund immer ausreichend beachtet, wenn es begrüßt wird.*

Wenn Ihr Hund häufiger aggressives Verhalten dem Kind gegenüber zeigt, sollten Sie eine Hundeschule einschalten!

UND IM ERNSTFALL? RUHE BEWAHREN!
Kein Hundebesitzer spricht gern darüber, aber es gehört zur Verantwortung, die man übernimmt: Sie sollten sich schon im Vorfeld damit beschäftigen, was zu tun ist, wenn Ihr Hund zugebissen hat. Denn im Ernstfall haben auch wir Menschen einen Fluchtreflex, zumal in unserem Kopf sofort alle Bilder von schlimmen Beißunfällen ablaufen. Dabei ist das Wichtigste, Ruhe zu bewahren.

Trennen Sie zuerst den Hund vom Opfer, wenn möglich binden Sie ihn irgendwo an. Versorgen und untersuchen Sie das Opfer, wenn nötig, holen Sie einen Arzt. Stehen Sie dazu, dass Ihr Hund gebissen hat, aber prägen Sie sich alle Begleitumstände und vor allem auch den Auslöser des Unfalls genau ein, die sind später für die Haftpflichtversicherung sehr wichtig! (Siehe Seite 23) Spielen Sie den Unfall auch vor sich selbst nicht herunter, sondern setzen Sie sich damit auseinander!

Auch mittel- und langfristig sollten Sie die Situation mit Besonnenheit angehen. Die Statistik spricht für Ihren Hund: Meistens bleiben Beißunfälle wirklich einmalige Unfälle.

GEBEN SIE SICH ZEIT!
Im Affekt scheint es oft keinen anderen Weg zu geben, als den Hund loszuwerden. Aber: Kein Familienmitglied sollte im Alleingang Konsequenzen ziehen, etwa den Hund ins Tierheim bringen. Als Eltern und als Rudelführung sollten Sie alle Bedingungen abwägen, und das braucht Zeit!

*Sind Kinder für einen Hund ständig mit negativen Erfahrungen verbunden, kann er zum Kinderfeind werden.
Foto: Ulrike Schanz*

VERANTWORTUNG ALS TIERHALTER

Ein Beißunfall, auch wenn es nur ein kurzes Schnappen war, stellt Ihr Verhältnis zum Hund auf eine harte Probe. „Ich sah meinen Hund plötzlich mit ganz anderen Augen. Er legte sich zum Schlafen hin wie sonst auch, und ich hatte das Gefühl, da schlummert eine Bestie in diesem Korb." So oder ähnlich schildern Hundebesitzer ihre Gefühle nach einem Beißunfall.

In den seltensten Fällen aber haben Sie es wirklich mit einem aggressiven und unverbesserlichen Hund zu tun. Die wenigsten Hunde schnappen aus Trieb oder aus Lust an der Aggression. Fast immer gibt es einen Auslöser.

Sie haben sich irgendwann für Ihren Hund entschieden und haben die Aufgabe übernommen, für ihn zu sorgen – dazu gehört vielleicht auch, dass Sie bestimmte Stresssituationen mit Ihrem Hund meiden und ihn davor schützen, wenn Sie ihm nicht beibringen können, sich an diese zu gewöhnen. Denn auch der gelehrigste Hund kann nicht alles lernen!

Es ist Ihre Aufgabe, für den Charakter Ihres Hundes oder für den jeweiligen Stand seiner Erziehung die passende Umgebung zur Verfügung zu stellen. Ein Hund, der Angst vor Menschen hat und schnappt, wenn es ihm zu eng wird, sollte notfalls halt zu Hause bleiben. Schließlich passt ein Bernhardiner auch nicht in eine Einzimmerwohnung. Für die angemessenen Lebensumstände Ihres Hundes haben Sie die Verantwortung übernommen – ihn ins Tierheim zu bringen, sollte der allerallerletzte Schritt sein.

VERANTWORTUNG ALS ELTERN

Aber auch als Eltern haben Sie natürlich eine Verantwortung Ihren Kindern gegenüber. Besonders schwierig wird die Entscheidung, wenn Ihr Kind selbst gebissen wurde.

Dann müssen Sie abwägen: Lohnt sich die Mühe, hat Ihr Kind die Chance, wieder Vertrauen zu Ihrem Hund zu fassen? Oder sitzt der Schock so tief, dass ein weiteres Zusammenleben mit dem Hund eine Qual ist?

Bedenken Sie aber auch, was das Weggeben des Hundes für Ihr Kind bedeuten kann. Wie stark wird es unter dem fehlenden Spielkameraden leiden? Lernt es so, dass man Hindernisse umgeht, anstatt sich mit ihnen auseinander zu setzen? Wenn Sie den Hund vorschnell weggeben, wird es vielleicht ein Leben lang Angst vor Hunden haben.

HOLEN SIE SICH HILFE

Sprechen Sie miteinander über Ihre Bedenken und ziehen Sie eine Hundeschule zu Rate. Überlegen Sie auch gemeinsam, welche Alternativen es gibt und was Ihnen fehlen wird, wenn Sie den Hund abgeben. Treffen Sie erst danach als Familie gemeinsam (!) eine Entscheidung. Meistens legt sich der erste Schock, besonders, wenn Sie aktiv werden.

Versuchen Sie möglichst bald, die Ursache für den Unfall zu finden, und trainieren Sie – möglichst mit einer erfahrenen Hundeschule – das Verhalten des Hundes speziell in ähnlichen Situationen. Hat Ihr Hund Ihr Kind gebissen, beziehen Sie es vorsichtig und unter Anleitung in das Training mit ein, damit es wieder Vertrauen fassen kann. Nichtsdestotrotz: Wenn alles nicht hilft, müssen Sie sich notfalls auch entscheiden können, den Hund abzugeben.

WENN IHR HUND KINDER ANSPRINGT ODER ABLECKT ...

... dann kann das Kinder erschrecken, überfordern, zu Unfällen führen (der Hund wirft das Kind um) oder schlicht unhygienisch sein. Anspringen, ablecken, anstupsen, an Kleidung oder Armen ziehen sind Zeichen übermäßiger Freude oder Zuneigung, ein Buhlen um Aufmerksamkeit oder etwas, was die Welpen von ihrer Mutter gelernt haben: Durch Springen und Lecken bekommen sie das Futter von den erwachsenen Hunden. In jedem Fall hilft nur eins: Den Hund nie durch Aufmerksamkeit oder andere Zeichen der Freude belohnen! Jedes erlaubte oder gar belohnte Lecken oder Anspringen wirft die Erziehung wieder zurück!

BESUCH EINWEIHEN

Das Ignorieren ist nicht leicht, denn viele Besucherinnen und Besucher freuen sich, so freundlich begrüßt zu werden. Am besten üben Sie also mit vorher abgespro-

Freunde anspringen ist unter Hunden gutes Benehmen. Für Kinder kann es aber gefährlich werden, darum muss er umlernen. Foto: Ulrike Schanz

chenen Testpersonen – und wenn es geht, erst mal nicht mit Kindern.

Achten Sie aber auf jeden Fall darauf, dass auch Verwandte zum Beispiel nicht auf das Anspringen reagieren. Notfalls sperren Sie den Hund weg, bevor Sie die Tür öffnen, und sprechen Sie erst mit Ihrem Besuch. Außerdem können Sie den Hund anleinen, wenn Zufallsbesuch oder Kinder kommen, dann können Sie einfach auf die Leine treten.

LECKEN

- *Leckt der Hund, nehmen Sie sofort Ihre Hand weg oder schieben Sie langsam, aber bestimmt seinen Kopf zur Seite. Rufen Sie „Aus!" oder „Nein!" Vor dem nächsten Kontakt den Hund ein paar Minuten ignorieren.*

- *Vorsicht beim Wegnehmen: Sind Sie zu hektisch, kann es sein, dass der Hund reflexartig hinterherschnappt.*

- *Kinder sind damit oft ganz besonders überfordert und sollten erst in Übungen einbezogen werden, wenn sie sich sehr gut kontrollieren können.*

- *Konnten Sie einmal im Vorfeld nicht verhindern, dass der Hund leckt, versuchen Sie sofort, das Kind mit Worten zu beruhigen, damit es stillhält und nicht hektisch um sich haut. Ziehen Sie den Hund weg.*

ANSPRINGEN

- *Springt der Hund an Ihnen hoch, sollten Sie ihn vollkommen ignorieren und sich wegdrehen.*

- *Hilft das nicht, können Sie den Hund überraschend mit klarem Wasser aus einer Blumenspritze ansprühen, sobald er springt, und dabei „Aus!" oder „Nein!" rufen.*

- *Ganz wichtig: Den Hund loben, sobald er unten bleibt!*

- *Versuchen Sie, möglichst jedes Anspringen im Vorfeld zu verhindern!*

WENN IHR HUND FREMDEN KINDERN BEGEGNET ...

... dann sollten Sie nicht davon ausgehen, dass Ihr Hund sich genauso verhält wie bei Ihren eigenen. Fremde Kinder müssen aus seiner Sicht erst mal entweder erkundet oder vom Rudel fern gehalten werden.

Eine gute Vorbereitung ist, wenn Sie Ihren Hund von Anfang an mit möglichst vielen verschiedenen Kindern zusammenbringen. Achten Sie auf unterschiedliches Alter, Größe, Geschlecht, Haarfarbe und Hautfarbe.

VORSICHTIGES BESCHNUPPERN

- *Steuern Sie besonders sorgfältig, wie Ihr Hund fremden Kindern begegnet. Wenn Ihre Kinder oder Sie Besuch bekommen, schicken Sie Ihren Hund erst einmal auf seinen Platz und*

holen Sie ihn erst später dazu. Wenn
Sie Kindern beim Spaziergang begegnen, nehmen Sie den Hund an die
Leine und lassen Sie ihn „Sitz"
machen, damit Sie ihn besser kontrollieren können.

- Zeigen Sie fremden Kindern, wie sie
  sich Ihrem Hund zu nähern haben
  (siehe Seite 68).
- Lassen Sie Ihren Hund entscheiden,
  ob er Kontakt zu den fremden Kindern sucht oder nicht.

Sie können fremden Kindern auch Leckerchen in die Hand geben, damit der
Hund sie mit etwas Positivem verbindet.

(NEUE) ÄNGSTE UND VORURTEILE

An der Einstellung von Kindern zu fremden Hunden hat sich in den vergangenen
Monaten viel geändert. Die Kampfhunde-
Diskussion ist auch an Kindern nicht spur-
los vorübergegangen. Früher hieß die Ein-
gangsfrage „Darf man den streicheln?"
oder „Wie heißt der?" – heute heißt es
„Beißt der Hund?" oder „Muss der nicht
einen Maulkorb tragen?" Auf entsprechen-
de Ängste und Vorurteile – auch bei Erwachsenen – sollten Sie Rücksicht nehmen und den Hund zurückhalten. (Siehe
Seite 73). Die veränderte Stimmung wirkt
sich auch auf die Hunde aus. Heute kommt
es nicht mehr täglich vor, dass Hunde von
fremden Kindern gestreichelt werden. Je
seltener Kontakte werden, desto genauer
sollten Sie Ihren Hund beobachten, ob er
sich bedrängt fühlt. Sicher haben Sie auch

*So ist eine erste Begegnung im Idealfall: Das Kind ist ruhig und lässt den Hund schnuppern, er sitzt und Sie
haben ihn an der Leine und alles unter Kontrolle. Foto: Infohund/Eva-Maria Krämer*

schon einmal gehört, dass Hunde „Angst spüren". Vielleicht ist damit auch einfach nur gemeint, dass ängstliche Menschen sich bei einer Begegnung ungewöhnlich verhalten (den Hund anstarren, zögern, stehen bleiben oder Ähnliches) und das Ihren Hund einfach nur neugierig macht.

WENN IHR HUND ZU BESUCH BEI ANDEREN IST ...

... dann prasseln fremde Geräusche und Gerüche auf ihn ein, er muss sich selbst orientieren und will dabei unter Umständen auch noch sein Rudel (seine Familie) bewachen. Wenn dann Kinder, insbesondere Kinder ohne Hundeerfahrung, auf ihn zukommen, kann er überfordert sein.

Ist womöglich ein anderer Hund dort zu Hause, steht er unter besonderem Stress, weil er sich in dessen Revier befindet.

- *Halten Sie ihn an der Leine und führen Sie ihn vorsichtig an die fremden Kinder heran, während diese von ihren Eltern begleitet werden. (Siehe Seite 79)*
- *Erklären Sie den Kindern, dass der Hund wahrscheinlich seine Ruhe haben will.*

Übrigens: Auch wenn keine Kinder anwesend sind, sollten Sie die folgenden Hinweise beherzigen, damit Ihr Hund in fremden Wohnungen einen wohl erzogenen Eindruck hinterlässt.

Ihre Gastgeber werden Ihre Rücksicht zu schätzen wissen.

Und Ihrem Hund demonstrieren Sie, dass Sie für ihn sorgen, den Überblick über die Situation haben und Ihre Souveränität behalten.

KONTAKT AUFNEHMEN

- *Vermitteln Sie Ihrem Hund durch Ihr Verhalten Ruhe und Sicherheit: durch eine ruhige Stimme, Anleinen, Körperkontakt und klare Befehle.*

- *Gehen Sie mit ihm an der Leine herum, lassen Sie ihn schnüffeln und sich orientieren.*

- *Machen Sie durch „Nein" deutlich, welche Zonen er in der fremden Wohnung zu meiden hat.*

EIN FESTER PLATZ SCHAFFT SICHERHEIT

- *Nehmen Sie dem Hund eine vertraute Decke mit. Sie hat zweierlei Funktion: Der Hund weiß, dass er sich dorthin zurückziehen kann. Und für Kinder sollte die Decke die Tabuzone um den Hund markieren.*

- *Durch Auf- oder Kleinfalten der Decke können Sie den Sicherheitsabstand steuern.*

- Platzieren Sie den Hund an einer Stelle nah bei Ihnen, so dass Sie ihn entweder am Bein spüren oder jederzeit streicheln können.
- Achten Sie darauf, dass er auf seiner Decke liegen bleibt. Notfalls leinen Sie ihn an. Besser ist allerdings, ihn mit „Bleib" dort festzuhalten.
- Loben Sie ihn, wenn er dort liegen bleibt.

Und noch etwas: Wenn Ihr Hund etwas trinken möchte, sollten Sie mit Rücksicht auf das Hygieneempfinden nicht-hundebesitzender Gastgeber ein eigenes Schälchen mitbringen. Nehmen Sie es sofort weg, wenn er getrunken hat, damit es Kinder nicht in Versuchung bringt, damit zu spielen.

WENN IHR HUND IN DER FAMILIE ANKOMMT ...

... dann hat er noch keine Ahnung, dass dies sein neues Zuhause, sein neues Rudel wird. In den ersten Tagen ist er verunsichert, muss die neue Umgebung erkunden, das neue Rudel verstehen und sich orientieren. Als Welpe wird er anfangs noch seine Eltern und Geschwister vermissen. Dazu braucht er Zeit und Ruhe, muss Vertrauen fassen, muss viel schnüffeln, lauschen, beobachten.

Die ersten Tage im neuen Heim hat ein Hund die massive Aufmerksamkeit aller Kinder – und das wird ihm schnell zuviel. Foto: Ulrike Schanz

SUCHE NACH ORIENTIERUNG

Mittelfristig wird er sich Ihre familiären Abläufe einprägen: Bestimmte zeitliche und räumliche Rituale der Familie (wann wird wo gegessen, wer sitzt wann und wo im Wohnzimmer und allerlei anderes).

Alles, woran Sie ihn von Anfang an gewöhnen (zum Beispiel, dass Betten und Kinderzimmer tabu sind, Betteln nichts nützt), spart Ihnen Arbeit bei der weiteren Erziehung. Dazu gehört auch, dass Sie ihn von Anfang an immer mal alleine in der Wohnung lassen sollten – erst sekundenweise, dann langsam ausdehnen. Auch wenn Ihr Hund schon in einer anderen Familie gelebt hat, ist er bereit, im neuen Rudel alles neu zu lernen.

SCHONUNG IN DEN ERSTEN TAGEN

- *Lassen Sie den Hund die neue Wohnung kurz erkunden.*
- *Weisen Sie ihm seinen festen Platz zu und belohnen Sie ihn, wenn er sich dort niederlässt. Von dort sollte er Sie beobachten können.*
- *Verhalten Sie sich so normal wie möglich. Tun Sie so, als ob der Hund schon immer da wäre, auch wenn es Ihnen schwer fällt.*
- *Versuchen Sie besonders in den ersten Tagen, einen sehr regelmäßigen Tagesablauf, feste Fütterungszeiten und feste Rituale einzuhalten. Wenn er sich erst einmal orientiert hat, können Sie langsam wieder flexibler werden.*
- *Sprechen Sie ruhig und meiden Sie hektische Bewegungen.*

- *Warten Sie ab, bis der Hund auf Sie zukommt. Auch kindliche Formen der Neugier und Aufmerksamkeit (beispielsweise immer wieder gucken, flüstern, auf den Hund zeigen) setzen ihn möglicherweise unter Stress.*
- *Wenn Sie normalerweise viel Besuch bekommen, sollten Sie das nicht einstellen. Aber sorgen Sie dafür, dass der Hund nicht bei jedem Besuch ununterbrochen im Mittelpunkt steht.*
- *Vorsicht insbesondere bei Kinderbesuch: Überforderte Hunde schnappen leicht.*
- *In den ersten Tagen wird der Hund viel schlafen. Lassen Sie ihm seine Ruhe, er wird schon auftauen, wenn er sich an die neuen Eindrücke gewöhnt hat. Achtung: Das ist für Kinder immer ein bisschen frustrierend.*

DER REIZ DES NEUEN

Während Ihr Hund Ruhe und Orientierung braucht, werden Ihre Kinder weder Augen noch Finger vom neuen Mitbewohner lassen können. Die „Begeisterungskurven" von Kind und Hund sind also genau gegenläufig. Darum sollten Sie Ihre Kinder besonders in den ersten Tagen dazu bringen, sich zurückzuhalten.

KINDER IN VORBEREITUNGEN EINBEZIEHEN

- *Erklären Sie Ihrem Kind, was der Hund braucht. Vielleicht war es selbst schon einmal in der Situation, irgendwo fremd zu sein und sich zurückziehen zu wollen?*
- *Überlegen Sie schon bevor der Hund kommt zusammen mit Ihren Kindern, was dem Hund Ruhe und Sicherheit geben kann.*
- *Suchen Sie zum Beispiel den Platz fürs Körbchen gemeinsam aus.*
- *Entwerfen Sie zusammen einen Tagesablaufplan auf Papier und hängen Sie ihn aus. (Siehe Seite 57)*
- *Stellen Sie gemeinsam Regeln auf. Das lenkt das Zusammenleben gleich in die richtigen Bahnen und beschäftigt Ihr Kind.*
- *Malen Sie Bilder. Mögliche Themen: „Familie als Rudel", „So fühlt sich unser Hund, wenn...", „Was der Hund darf/nicht darf...", und so weiter.*
- *Alle Regeln und Bilder sollten Sie gut sichtbar auf Augenhöhe der Kinder aufhängen.*

Sein Korb ist sein „Castle", sein privates Reich, in dem ihn alle in Ruhe lassen sollten. Foto: Ulrike Schanz

DER „HONEYMOON"-EFFEKT

Der „Honeymoon"-Effekt bedeutet, dass Ihr Hund gerade in den ersten Tagen besonders „lieb" sein wird. Er ist besonders aufmerksam für jedes kleine Lob. Jede noch so kleine Regung von Ihnen und Ihren Kindern wird besonders sensibel beobachtet und er wird sofort darauf reagieren. Das lässt mit der Zeit nach. Sie sollten also damit rechnen, dass Sie Ihre Erziehung nach der Anfangsphase intensivieren müssen. Ist der Hund schon älter, können sich auch erst nach der Anfangsphase alte Gewohnheiten wieder zeigen. („Honeymoon" heißt Flitterwochen.)

Wenn Ihr Kind ...

WENN IHR KIND DEN HUND ERZIEHEN WILL ...

... dann dürfen Sie sich nicht darauf verlassen, dass Ihr Hund vom Kind wirklich sinnvolle oder lebenswichtige Dinge lernt.

WICHTIG!

1. *Sie als Erwachsene sind allein dafür verantwortlich, dass Ihr Hund die Grundbefehle „Sitz", „Bleib", „Komm" und „Nein" beherrscht!*
2. *Erst wenn das sicher klappt, kann Ihr Kind dem Hund auch etwas beibringen, aber Sie sollten es dabei niemals aus den Augen lassen!*

Spätestens ab dem Vorschulalter werden Sie Ihr Kind gar nicht daran hindern können, denn „dem Hund etwas beibringen" dürfen ist einer der wichtigsten Wünsche, die Kinder mit einem Vierbeiner verbinden.

Sie sollten dabei aber aus Sicherheitsgründen darauf achten, dass das Lernen in einer positiven, spielerischen Atmosphäre stattfindet.

Kinder dürfen Hunde nur durch Lob erziehen und niemals bestrafen, denn das wird sich kaum ein Hund gefallen lassen!

Kleinere Kinder versuchen gerne mal Autorität durch Lautstärke zu erreichen. Foto: Gaby Abels

FRÜH ÜBT SICH ...

Für Ihr Kind kann die Hundeerziehung eine Quelle wichtiger Erfolgserlebnisse sein.

Ein lernender Hund signalisiert dem Kind „Ich nehme dich für voll". Es wird sehr stolz darauf sein, wenn es dem Hund etwas beigebracht hat. Ihr Kind wird an dieser Aufgabe wachsen, denn zur Hundeerziehung benötigt es Verantwortungsbewusstsein und Selbstkontrolle, und beides übt es spielerisch ein.

Was kann mein Kind wann?

1. *Sobald Kinder sprechen können, werden sie auch dem Hund Befehle erteilen. Nicht, um ihn zu erziehen, sondern weil sie ihre eigenen Interessen durchsetzen wollen („Geh weg da, da will ich jetzt spielen"). In dieser Phase müssen Sie Ihr Kind ermahnen, nicht zu laut oder grob zu sein.*

2. *Ab dem Kindergartenalter wird es sich selbst wahrnehmen als handelnde Person, die den Hund über Befehle steuern kann. Die Versuchung, den Hund zu „tyrannisieren", ist groß. Für ein „Eltern-Kind-Training" (Siehe Seite 34) ist es noch zu früh.*
Zeigen Sie Ihrem Kind, wie man richtig lobt und verhindern Sie, dass es den Hund bestraft!

3. *Im Grundschulalter kann Ihr Kind sich mehr und mehr kontrollieren. Jetzt kann es lernen, die Grundbefehle mit einer klaren, sicheren Stimme zu geben und vielleicht auch mit den richtigen Handzeichen zu verbinden. Sie können ihm jetzt zeigen, wie man erste Kunststücke in kleine Schritte aufgeteilt einübt.*

... aber nicht zu früh!

Ob Ihr Kind reif genug ist, die Mitverantwortung für einen Hund zu übernehmen, können Sie unter Umständen nach folgender Übung entscheiden.

Führen heisst Verantwortung

- *Verbinden Sie Ihrem Kind die Augen und führen Sie es durch die Wohnung oder durch eine unbekannte Umgebung.*
- *Führen Sie einmal sehr bestimmt und sehr sicher, geben Sie eindeutige Anweisungen.*
- *Führen Sie ein anderes Mal vorsichtig und zögerlich, entscheiden Sie kurzfristig um und geben Sie uneindeutige Anweisungen.*
Sprechen Sie anschließend miteinander: Welche Art, geführt zu werden, war angenehmer, wo hat Ihr Kind sich sicherer gefühlt? Von wem lässt es sich am liebsten führen?
- *Verbinden Sie sich selbst die Augen und lassen Sie sich führen.*
Worauf muss man achten, um zu führen? Hat Ihr Kind gemerkt, wie schwer es ist, klare Anweisungen zu geben? Hat es Spaß daran gehabt, Sie vor die Möbel laufen zu lassen?

Welche Kunststücke?

Bei der Auswahl von Kunststücken können Sie Ihrer Phantasie freien Lauf lassen. Allerdings müssen Sie selbstverständlich sicherstellen, dass der Hund nicht körperlich gefährdet oder überfordert wird.

Ein Sprung aus dem Etagenbett kann schwere Brüche zur Folge haben. Außerdem müssen natürlich die gemeinsam aufgestellten Familienregeln eingehalten werden.

Kinder zwischen zehn und 15 Jahren trainieren Hunde manchmal schon ganz professionell. Foto: Bildagentur IPO

Darüber hinaus sollten Sie im eigenen Interesse die „pädagogische Phantasie" Ihres Nachwuchses genau beobachten. Sonst werden Sie sich wundern, wie schnell Ihr Hund Spinatteller direkt vom Tisch holen kann und wie häufig Sie Nachbars Zeitung sonntags auf Ihrer Bettdecke finden.

KONSEQUENZ STATT STRENGE

Achten Sie darauf, dass Ihr Kind den Hund nicht mit zu vielen unterschiedlichen oder falsch gegebenen Befehlen überfordert.

Dass das Spielerische in allen Lernsituationen erhalten bleibt, ist ganz wichtig! Andernfalls kann es schnell zum Machtkampf kommen, den Ihr Kind verlieren wird. Außerdem sinkt bei Druck die Motivation von Kind und Hund.

Lassen Sie Ihr Kind den Hund nicht „handgreiflich" erziehen, ihn zum Beispiel mit Kraft in „Sitz"-Position drücken oder sogar bestrafen. (Siehe Seite 26)

Ein Hund, der nicht gehorcht, ist nicht böse! Er hat nur seinen Befehl noch nicht gut genug gelernt.

WENN IHR KIND DEN HUND MIT VERSORGEN SOLL ...

... dann sollten Sie möglichst früh anfangen, es einzubeziehen. Aber seien Sie realistisch! Ein Kindergartenkind kann nicht täglich dreimal spazieren gehen, das Futter vom Taschengeld kaufen und alle sechs Monate selbstständig und rechtzeitig einen Termin beim Tierarzt machen. Es sollte aber die Regeln beachten können: sowohl die Regeln für seine eigene Sicherheit als auch die Regeln und Rituale, die die Familie fürs Zusammenleben festgelegt hat. In weitere Aufgaben kann es hineinwachsen. Kinder brauchen Aufgaben in kleineren Einheiten und vor allem Erinnerungshilfen, denn sie vergessen schnell Zeit und Pflichten um sich herum.

EIN STUNDENPLAN FÜR DEN HUND

- *Hängen Sie für alle Familienmitglieder sichtbar einen Stundenplan für den Hund auf (Beispiele siehe Foto). Schulstundenpläne sind meist nicht geeignet – der Sonntag fehlt ...*
- *Gestalten Sie ihn flexibel, also zum Stecken, Kleben, Beschriften und Abwischen oder magnetisch, damit erledigte Dinge auch gekennzeichnet und Aufgaben kurzfristig getauscht werden können.*
- *Kennzeichnen Sie für jede Aufgabe, wer sie wann zu erledigen hat.*
- *Arbeiten Sie für kleinere Kinder mit Bildern, Symbolen oder Farben statt mit Zahlen und Buchstaben*

So ein Stundenplan hilft Aufgaben zu verteilen – und auch einzuhalten. Foto: Claudia Fischer

WENN PFLICHTEN LÄSTIG WERDEN

Die Anfangsbegeisterung Ihres Kindes für einen neuen Hund wird irgendwann schwinden. Erschrecken Sie sich nicht – dieses Verhalten ist völlig normal. Das geht dem Kind mit jedem Spielzeug so – nur handelt es sich in diesem Fall nicht um ein Spielzeug, sondern um ein lebendiges Wesen. Und das darf nicht unter dem Frust eines Familienmitgliedes leiden, denn es kann nicht für sich selbst sorgen. Gründe für diese schwindende Begeisterung sind vielfältig. Zunächst tritt natürlich eine gewisse Gewöhnung ein – das werden Eltern auch an sich selbst beobachten. Beim Kind können auch noch andere Gründe hinzukommen, die erst auf den zweiten Blick sichtbar werden:

Immer die gleiche Aufgabe zu haben ist langweilig und wird schnell zur lästigen Pflicht. Foto: Bildagentur IPO

URSACHENFORSCHUNG

Ist Ihr Kind ...

- *enttäuscht, weil der Hund andere Familienmitglieder mehr beachtet?*
- *enttäuscht, weil der Hund doch nicht so kuschelig ist wie gehofft?*
- *frustriert, weil Lassie und Rex im Fernsehen ganz anders sind?*
- *frustriert, weil es allein keine Spaziergänge mit dem Hund machen darf?*
- *frustriert, weil der Hund noch zu jung für Spiele oder Kunststückchen ist?*
- *frustriert, weil der Hund noch nicht gehorcht?*
- *überfordert mit der Einhaltung der Regeln? So streng hatte es sich das Leben mit Hund nicht vorgestellt ...*
- *eifersüchtig auf den Hund, fühlt sich ausgeschlossen, vernachlässigt oder mit seinen Wünschen und Erwartungen unverstanden?*
- *ausreichend von Ihnen gelobt worden, wenn es seine Aufgaben zuverlässig erfüllt hat?*

Wenn Sie den Ursachen auf die Spur gekommen sind (beispielsweise durch Malen, Rollenspiele oder Gespräche), dann überlegen Sie mit Ihrem Kind gemeinsam, wie es wieder mehr Freude am Hund finden kann.

Vielleicht darf es sich immer am Wochenende wünschen, was mit dem Hund gemacht wird (Kunststückchen lernen, Spielen, Baden). Oder es möchte etwas mehr Verantwortung übernehmen, öfter mal die Leine halten, Spaziergangsstrecken selbst bestimmen?

Vielleicht ist es schon zufriedener, wenn Sie mit ihm spazieren gehen, wenn das Kind Lust hat und nicht nur dann, wenn Sie sowieso gehen wollten?

BEI DER STANGE HALTEN

- *Zeigen Sie Ihrem Kind ganz sachlich und ohne Vorwurf, dass sein Verhalten Konsequenzen hat.*
Wenn es das abendliche Füttern und Kämmen vergisst, müssen Sie das tun. Und so können Sie vielleicht nur noch eine halbe Geschichte vorlesen, denn die Zubettgehzeit wird dadurch natürlich nicht verschoben. (Nicht als Strafe einsetzen!)

- *Auch wenn es schwer fällt: Bleiben Sie humorvoll, gelassen, aber äußerst konsequent. Lachen ist der beste Weg, Ihrem Kind die Zähne zu zeigen ...*

- *Beziehen Sie das Kind mehr mit ein. Lassen Sie es das Futter mit aussuchen oder backen (Rezept siehe Seite 60), ausprobieren, was dem Hund schmeckt, und anderes mehr. Das fördert Verantwortungsgefühl.*

- *Schaffen Sie Abwechslung. Immer nur spazieren gehen ist langweilig. Lassen Sie Ihr Kind eine Woche lang beim Füttern, eine Woche beim Kämmen helfen.*

- Sprechen Sie über Frust oder besondere Belastungen. Kurz vor Klassenarbeiten oder Prüfungen kann Ihr Kind vielleicht Aufgaben mit weniger Zeitaufwand übernehmen, im Sommer mehr und länger rausgehen.

Auch wenn Pläne noch so gut sind, jederzeit flexibel getauscht werden darf und die Ansprüche absolut angemessen sind: Immer wieder werden Sie vor dem Problem stehen, dass die Aufgaben nicht erledigt sind und die Eltern letztendlich dafür geradestehen. Da kann der Frustpegel ganz schön ansteigen!

FEHLER VERMEIDEN

- Machen Sie dem Kind keine Vorwürfe. Damit werden die Aufgaben nur williger erledigt oder der Hund wird vielleicht zum Sündenbock.

- Geben Sie Ihrem Kind Zeit, sich an die Pflichten zu gewöhnen. Manche Kinder brauchen einfach etwas länger, um die Verantwortung zu übernehmen.

- Vermeiden Sie besonders Vorhaltungen wie „Hab ich's nicht gesagt, bevor wir den Hund angeschafft haben?" Das setzt auf das schlechte Gewissen des Kindes noch eins drauf und lenkt vom eigentlichen Thema ab: der Sorge für den Hund!

- Belohnen Sie das Kind nicht für einzelne erledigte Pflichten. Es soll die Arbeiten nicht für Geld oder für Sie erledigen, sondern weil es eine Verantwortung für den Hund hat!

REZEPT FÜR HONIGKUGELN

300 g Maisgries, 2 EL Honig, 2 El Öl, 1 Prise Salz, ca. $\frac{1}{4}$ l Wasser

Zutaten in eine Schüssel geben, kochendes Wasser darübergießen und zu einem festen Teig verrühren. Abkühlen lassen und zu kleinen Kugeln rollen. Bei 180°C ca. 30 Minuten backen, bis sie fest sind. Eventuell bei niedriger Temperatur nachbacken.

WENN IHR KIND MIT DEM HUND SPAZIEREN GEHT ...

... dann sollten Sie bedenken, dass Sie Kind und Hund nicht alleine spazieren gehen lassen dürfen!

Ein Blick in die Hundeverordnungen der Bundesländer bestätigt dies: Häufig ist dort erst ab 18 Jahren erlaubt, Hunde bestimmter Rassen im öffentlichen Raum verantwortlich zu führen. Dabei listet jedes Bundesland für sich unterschiedliche Rassen auf – machen Sie sich schlau! Auskunft gibt Ihnen Ihr örtliches Ordnungsamt. Wer einen Hund ausführt, so steht es in mehreren Verordnungen, „muss körperlich und geistig in der Lage sein,

Mit einem solch großen Hund ist ein Kind einfach überfordert. Foto: Infohund/Eva-Maria Krämer

den Hund jederzeit so zu beaufsichtigen, dass Mensch, Tier und Sachen nicht gefährdet werden". Solange Ihr Kind minderjährig ist, haben Sie dafür die Aufsichtspflicht. Denken Sie aber nicht nur an Haftung, Gesetze oder an die reinen Unfallgefahren. Stellen Sie sich vor, welcher psychischen Belastung Ihr Kind ausgesetzt ist, wenn bei seinem Spaziergang etwas passiert – und sei es, dass der Hund wegläuft oder gestohlen wird.

Anforderungen an das Kind

Ob Ihr Kind beim gemeinsamen Spaziergang die Leine halten darf, sollten Sie aufgrund folgender Fragen entscheiden:

- Ist Ihr Kind dem Hund körperlich gewachsen? Ein Schulkind kann sicherlich einen Dackel halten, aber einen Golden Retriever oder Dalmatiner?
- Hat Ihr Kind Angst oder Respekt vor dem Hund oder geht es selbstbewusst mit ihm um?
- Ist Ihr Kind hundertprozentig sicher im Straßenverkehr?
- Kennt Ihr Kind die Spazierwege und die Risiken am Wegesrand (Straßen, Waldgebiete mit Wild, Spielplätze, Jogging-Strecken, Nachbarshunde hinter dem Zaun)?
- Kann Ihr Kind vorausschauend denken?

VORAUSSCHAUEN KÖNNEN

Der letzte Punkt ist besonders wichtig. Selbst ältere Kinder können oft Gefahrensituationen (ein anderer Hund, ein Hase, ein Kind mit „bösen Absichten", Skater) nicht richtig erkennen und können dann auch nicht konsequent beruhigend auf den Hund einwirken. Aber Sie können diese Fähigkeiten fördern:

SEHEN, BEGREIFEN, HANDELN

- *Erzählen Sie Ihrem Kind Geschichten mit offenem Ende, die es weiterspinnen soll. Sie erkennen so, wie realistisch Ihr Kind Situationen einschätzen kann.*
- *Suchen Sie nach Bilderbüchern und Spielen unter dem Motto „Was wird gleich passieren?"*
- *Trainieren Sie im Straßenverkehr die vorausschauende Wahrnehmung („Die Frau dort vorne steigt in ein Auto ein. Was wird sie gleich tun?" oder „Hast Du den Pfiff gehört? Hat da jemand seinen Hund gerufen? Von wo kommt er?").*

Trotz aller Vorausschau können Kinder oft auch die Tragweite ihrer Entscheidungen nicht einschätzen. Sie lassen vielleicht einen Hund ins Wasser springen, obwohl die Strömung stark, das Wetter kalt und der Nachhauseweg weit ist. Oder sie antworten auf die Frage eines anderen Kindes: „Beißt der Hund?" mit „Nein", weil sie

selbst ihren Hund als kinderlieb erleben und seine Warnzeichen anderen gegenüber falsch deuten. Auch darum müssen Sie jederzeit eingreifen können.

VERHALTENSREGELN BEIM SPAZIERGANG

- *Schärfen Sie Ihrem Kind ein, mit dem Hund an der Leine nicht zu rennen. Sollte es dabei stolpern, kann es von der Leine mitgeschleift werden. Loslassen!*
- *Wenn das Kind Fahrrad fährt, heißt das: Abstand vom Hund! Auf keinen Fall darf es dann die Leine halten!*
- *Inline-Skates oder Kickboards sollten zu Hause bleiben, wenn Sie mit dem Hund spazieren gehen. Die Gefahr eines Zusammenstoßes ist einfach zu groß!*
- *Was ist zu tun, wenn der Hund sein Geschäft auf dem Gehweg erledigt?*
- *Das Kind sollte nicht auf den Hund einreden, sonst kann er seine gelernten „Kommandos" nicht herausfiltern, wenn es drauf ankommt.*

ANFORDERUNGEN AN DEN HUND

Auch wenn größere Kinder quengeln und betteln: Sie sollten die Leine erst in die Hand bekommen, wenn auch Ihr Hund bestimmte Mindestregeln beherrscht.

Und bedenken Sie auch, dass andere Hunde möglicherweise nicht so friedlich sind.

An möglichen Gefahrenpunkten des Spazierweges ist Vorsicht immer besser als Vertrauen.
Foto: Infohund/Eva-Maria Krämer

DER „SPAZIERGANGSFESTE" HUND …

- *sollte nicht an der Leine ziehen.*
- *sollte vor einer Straße automatisch stoppen und „Sitz" machen.*
- *sollte die Grundkommandos „Sitz", „Bleib", „Komm" und „Aus" auch beim Kind beherrschen. (Siehe S. 33)*
- *sollte nicht jagen (auch keine Jogger oder Fahrräder).*
- *sollte sich mit anderen Hunden vertragen.*
- *sollte damit umgehen können, wenn das Kind rennt oder hinfällt. (S. 64)*

WENN IHR KIND MIT DEM HUND SPIELT …

… dann gibt es drei wichtige Spielregeln:

1. Kind und Hund müssen auf Kommando aufhören können.
2. Kind und Hund sollten niemals um die Wette rennen, das kann zu bösen Unfällen führen.
3. Sie müssen in der Nähe sein und das Spiel beobachten, um jederzeit eingreifen zu können.

AUFHÖREN ÜBEN

Wenn eine Spielsituation zu eskalieren droht, weil sie zu wild wird, dann hilft nur eins: Ein klarer „Stopp!"-Befehl und Tren-

Das gemeinsame Spiel wird immer wilder, und keiner denkt daran abzubremsen. Foto: Infohund/Eva-Maria Krämer

nung von Kind und Hund. Binden Sie den Hund notfalls an, dann können Sie sich auf das tobende Kind konzentrieren. Auch unter Zeitdruck ist das die einzige wirklich sichere Methode.

Sinnvoll ist es, mit Hund und Kind in ruhigen Situationen zu trainieren, wie man Spiele beendet. Anstatt zwischen Hund und Kind hin- und herzuflitzen, sollten Sie die beiden zusammen beruhigen. Erklären Sie das Spiel für beide für beendet und lassen Sie das Kind den Hund heranrufen, ihn anleinen und „Sitz" oder „Platz" machen. Dann streicheln Sie ihn zusammen so lange, bis er ruhig atmet. Lassen Sie Ihr Kind den Atem des Hundes und seinen Herzschlag fühlen und beobachten, wie alles langsamer wird. Dadurch wird es vom eigenen Bewegungsdrang abgelenkt und wird sich selbst auch beruhigen.

KEIN RENNEN UND TOBEN

Hunde testen beim Raufen, Toben und Kämpfen im Spiel ihre Kräfte. Beobachten Sie Ihren Hund, wenn er mit anderen Hunden tobt. Wie oft wechselt er unvermittelt die Richtung? Versucht er, anderen in die Ohren oder in die Vorderläufe zu beißen? Wäre Ihr Kind so einer Toberei gewachsen? In den meisten Fällen wohl kaum!

Der Hund kann Ihr Kind umwerfen oder kann zu aufgedreht sein und seine Beißhemmung vergessen.

Besonders gefährlich ist es, wenn Ihr Kind hinfällt und beim Hund der Beutetrieb geweckt wird (durch Zappeln oder Quieken).

Schärfen Sie Ihrem Kind ein, sich in so einem Moment zusammenzukugeln, nicht wild herumzufuchteln und seinen Kopf mit den Armen zu schützen.

IN DER NÄHE BLEIBEN

Sie müssen jederzeit sofort zur Stelle sein und den Hund zurückhalten können. Ihr Kind kann nur schwer erkennen, wann eine Spielsituation „kippt". Stellen Sie notfalls einige Spiele zurück, bis Ihr Kind älter und kräftiger ist!

TABU-SPIELE

Beliebte, aber ungeeignete Spiele sind also Fangen und Jagen, Reiten auf dem Hund (Verletzungsgefahr für seine Wirbelsäule) und Tauziehen (direktes Kräftemessen zwischen Hund und Kind).

Probieren Sie stattdessen folgende Ideen aus:

Apportieren ist kein Tobespiel, aber Hunde finden es toll – besonders wenn die Beute gegen eine Belohnung eingetauscht wird. Foto: Infohund/Eva-Maria Krämer

APPORTIEREN

Hunde apportieren nicht, weil sie das gerne tun oder um den Menschen eine Freude zu machen, sondern weil sie sich etwas davon versprechen.

Bei kaum einem Spiel hat der Hund so viel Bewegung wie beim Stöckchen- oder Bällchen-Holen. Das Spiel funktioniert aber nur, wenn der Hund das „Aus"-Geben sicher beherrscht.

Wenn er die Beute nicht freiwillig oder auf Befehl wieder abgibt, vielleicht sogar durch Knurren verteidigt, ist das Spiel ungeeignet!

Aber: „Aus"-Geben kann man trainieren, indem Sie immer ein noch attraktiveres Tauschobjekt bereithalten (Leckerchen oder attraktiveres Spielzeug). Dann fällt ihm das Abgeben nicht so schwer, es wird ja sogar noch belohnt.

VERSTECKEN: HUND SUCHT

Versteckspiele sind nur in einer Richtung geeignet: Hund sucht Kind oder Spielzeug. Andersherum sollten Sie sofort einschreiten – denn wenn der Hund sich versteckt, will er seine Ruhe haben und diese notfalls gegen den Eindringling (das Kind) verteidigen. (Siehe Seite 71)

Vorsicht vor dem Beutetrieb: Wenn Sie beobachten, dass der Hund das Kind beim Versteckspiel als Beute betrachtet (in die Kleidung beißt und am Kind zerrt), können Sie zu einem Trick greifen: Das Kind hat ein Leckerchen, das der Hund bekommt, wenn er das Kind gefunden hat.

Dann wird er das Kind selbst nicht als Beute ansehen. Das Kind sollte auch hierbei nicht vor dem Hund weglaufen!

SPIELPARCOURS

Um Kondition, Geschicklichkeit und Gehorsam beim Hund zu trainieren, müssen Sie nicht gleich in einen Hundesportverein eintreten.

Sie können auch im Kinderzimmer oder im Garten einen Hindernis-Parcours aufbauen.

Aus Besenstielen, Kartons oder Zaunlatten werden prima Hürden zum Drüberspringen oder Drunterherkrabbeln.

Tunnel gibt es als Tier- oder Kinderspielzeug oder Sie suchen einfache größere Pappkartons ohne Rückwand. Baumstämme werden zu Schwebebalken und Besenstiele oder Stühle zu Slalomstangen.

Achten Sie darauf, dass der Abstand der Hindernisse der Körpergröße Ihres Hundes angemessen ist, damit er nicht durch Enge überfordert wird.

Ihr Kind kann nun den Hund an die Leine nehmen, ihm zeigen, was er wo tun soll und ihn über den Parcours führen.

Wichtig ist dabei, dass es nicht zusammen mit dem Hund durch Hindernisse krabbelt (Enge bedrängt den Hund) und dass es niemals handgreiflich wird (also den Hund in den Pappkarton schiebt, wenn er nicht will)!

Das kann dazu führen, dass er sich wehrt!

Der Hund muss durch Lob und Leckerchen motiviert und gelockt werden!

Empfehlenswert ist es, wenn Sie und Ihr Kind die Grundsätze „positiver" Hundeerziehung vorher in einer Hundeschule gelernt und geübt haben (etwa Clickertraining siehe Seite 26).

KUNSTSTÜCKCHEN EINÜBEN

Gemeinsames Training ist immer gut! Lernen macht Spaß, verschafft beiden Erfolgserlebnisse und festigt die Beziehung. Welche Kunststückchen Sie für geeignet halten, hängt von Ihrer eigenen Phantasie und Ihren persönlichen Ansprüchen ab. (Siehe Seite 55)

WENN IHR KIND SICH EINEM HUND NÄHERT …

… dann stellt es naturgemäß seine eigenen Bedürfnisse in den Vordergrund: Entweder hat es Angst, ist zu schüchtern, versteckt sich, oder es ist begeistert und neugierig und will den Hund anfassen. In jedem Fall besteht die Gefahr, dass es die Reaktionen des Hundes völlig ignoriert oder so interpretiert, wie es dem kindlichen Bedürfnis entspricht.

Nehmen wir an, ein Hund bellt ein Kind an. Ein ängstliches Kind wird wahrscheinlich zurückschrecken, den Hund dadurch vielleicht neugierig machen und zum Hinterherlaufen reizen. Ein neugieriges Kind wird vielleicht denken „Ja, ich freue mich auch, Dich zu sehen!" und den Hund sofort anfassen und verschrecken.

DAS ÄNGSTLICHE KIND

Kinder, die große Angst vor Hunden haben, sollten nicht gezwungen werden, sich ihnen zu nähern. Nur mit viel Zeit und Ruhe können Sie versuchen, dem

Plötzlich taucht ein fremder Hund auf, alleine. Jetzt ist es wichtig, dass das Kind richtig reagiert.
Foto: Infohund/Eva-Maria Krämer

Die Hand ist zum Begrüßungs-Schnuppern angeboten, doch es bleibt dem Hund überlassen, ob er die Einladung annehmen will. Foto: Infohund/Eva-Maria Krämer

Kind diese Angst zu nehmen. Erwarten Sie nicht gleich ausgiebiges Spielen oder Streicheln von Ihrem Kind! Wenn es weggehen will, lassen Sie es!

DAS BEGEISTERTE KIND
Allzu hundebegeisterte Kinder müssen lernen, die Zeichen des Hundes zu respektieren.

Insbesondere, wenn der Hund angeleint ist und nicht weglaufen kann oder auch bei einem Rückzug nicht in Ruhe gelassen wird, gerät er unter Druck und beißt vielleicht um sich. Bei unangeleinten, streunenden Hunden ist sowieso Vorsicht gebo-

ten. Ist kein Halter in Sicht, sollten Kinder dem Hund langsam und ruhig aus dem Weg gehen und Erwachsene auf den Streuner aufmerksam machen.

BEGRÜSSEN LERNEN
Schärfen Sie Ihrem Kind die folgenden Regeln ein und üben Sie mit ihm so oft wie möglich:

- *Ruhig bleiben und Arme still halten, hektische Bewegungen machen auch den Hund nervös.*

- *Den Hund ruhig und freundlich ansprechen. Übrigens: Der Befehl „Lass mich in Ruhe, du Untier!" ist sinnlos, den versteht kein Hund!*
- *Die Begrüßung immer dem Hund überlassen. Erst wenn er guckt, die Hand hinhalten, dabei den Körper etwas zur Seite drehen, damit der Hund sich nicht von der „vollen Breite" bedroht sieht.*
- *Nicht bücken, Kinder und ein fremder Hund sollten nie auf der gleichen Augenhöhe sein.*
- *Den Hund erst an der Hand schnuppern lassen. Dreht er sich weg, sollte man ihn auch in Ruhe lassen.*
- *Den Hund an der Brust oder am Hals kraulen, nie von hinten oder von oben am Kopf anfassen.*
- *Dem Hund nicht direkt in die Augen starren, das kann er als Drohgebärde interpretieren.*
- *Auch wenn sie noch so niedlich sind: Welpen oder ihre Mütter nie anfassen, wenn die Halter nicht die Erlaubnis geben und die Kontrolle behalten!*

Außerdem sollten Herrchen und Frauchen immer mitbekommen, dass sich jemand dem Hund nähert. Denn wenn sie sich erschrecken, erschreckt sich auch der Hund.

WENN ÄNGSTLICHE KINDER EINEM HUND BEGEGNEN:

- *Die Hand nicht hektisch wegziehen!*
- *Nicht vor Angst schreien oder den Hund anbrüllen.*
- *Am besten ruhig und deutlich „Aus!" oder „Nein!" sagen.*
- *Wenn der Hund noch ein paar Meter weit weg ist: Nicht vor dem Hund verstecken! Am besten so tun, als hätte man ihn nicht bemerkt, und weitergehen.*
- *Nicht wegrennen! Erstens kann das den Hund zum Hinterherlaufen reizen, zweitens kann das Kind stolpern und hinfallen.* (Siehe Seite 77)

HUNDEHALTER BEACHTEN

Kinder sollten auf ihr Gefühl vertrauen: Wirken Hund und Herrchen beispielsweise Frauchen freundlich und aufgeschlossen? Auch wenn von weitem gerufen wird „Der beißt nicht!": Gehorcht der Hund?

Auf jeden Fall sollte man den Hundehalter oder die Halterin immer um Erlaubnis fragen, denn sie kennen ihren Hund am besten.

Wünsche anmelden! Kinder sollten zum Beispiel bei frei laufenden Hunden die Besitzer freundlich, aber deutlich bitten, den Hund an die Leine zu legen.

GENAU BEOBACHTEN

Neben der Kontrolle des eigenen Verhaltens sollten Kinder einfach wach sein, wenn sie einem Hund begegnen. Üben Sie mit ihm, die Körpersprache-Signale eines Hundes zu deuten, beispielsweise anhand der Fotos im Anhang.

Wenn eine fröhliche Kinderrunde in ein lautstarkes „Chaos" kippt, ist ein Hund beunruhigt. Foto: Tatjana Prawitz

Die Beobachtungsgabe Ihres Kindes können Sie auch spielerisch schärfen: Spielen Sie besonders viele Pantomime-Spiele mit Ihrem Kind, bei denen Gefühle ohne Worte dargestellt und geraten werden müssen.

Verändern Sie Kleinigkeiten in Ihrer Umgebung und lassen Sie Ihr Kind raten, wo ein Gegenstand fehlt oder verschoben wurde.

Oder wie wäre es mit einer Runde „Ich sehe was, was du nicht siehst"?

WENN IHR KIND KREISCHT UND LÄRMT ...

... dann kann sich Ihr Hund aufgefordert fühlen einzugreifen. Quiekt da vielleicht eine verletzte Beute? Oder hat er gelernt, dass eine hohe Stimme ihn lobt und zum Spielen auffordert?

Vielleicht fühlt er sich auch an frühere angstbesetzte Erlebnisse erinnert: Hat er mal Unfälle oder Schlägereien beobachtet? Wird das Kind bedroht, braucht es

Schutz? Außerdem haben Hunde ein sehr feines Gehör und empfinden Lautstärke darum viel unangenehmer als wir. Versuchen Sie, ihn langsam an überraschende Geräusche zu gewöhnen.

ERREGUNG DES HUNDES ZÜGELN

Wenn ein Kind in Ihrer Umgebung kreischt, sollten Sie sofort sehen, wie Ihr Hund reagiert. Rufen Sie ihn zurück oder beruhigen Sie ihn, wenn er darauf anspringt. Regen Sie den Hund nicht durch ein hektisches, schrilles „Aus!" zusätzlich auf. Achten Sie darauf, dass Sie eine besonders beruhigende und feste Stimmlage haben, damit Ihr Hund Ihren Befehl auch unter mehreren kreischenden Kinderstimmen herausfiltern kann und auf sich bezieht.

HÖR-TRAINING FÜRS KIND

- *Sensibilisieren Sie das Kind für Lautstärken und Geräusche, schulen Sie sein Gehör.*
- *Drehen Sie also bei Gelegenheit die Musikanlage richtig laut auf und genießen Sie danach die Stille gemeinsam.*
- *Oder machen Sie Ihr Kind zum Beispiel beim Einkaufen immer mal auf laute und ruhige Geräuschkulissen aufmerksam.*
- *Suchen Sie gemeinsam in der Wohnung nach angenehmen und unangenehmen Geräuschen (quietschende Türen oder Bodenbretter, glucksende Kühlschränke, Zimmerspringbrunnen).*

- *Lassen Sie Ihr Kind seine Stimme im Freien (ohne den Hund!) ausprobieren und machen Sie auch ein Spiel daraus, sich leise zu verhalten. Verabreden Sie eine Art Codewort, nach dem alle sofort leise zu sein oder nur noch zu flüstern haben.*

WENN IHR KIND DEN HUND NICHT IN RUHE LÄSST ...

... dann müssen Sie ihm zeigen, dass auch der Hund eine Privatsphäre braucht. Auch Ihr Kind (und mit Hunden unerfahrene Freunde Ihres Kindes) sollte bei aller Neugier, bei allem Interesse am Hund, bei allem Gefühlsüberschwang, bei aller Begeisterung ein „Nein" akzeptieren und befolgen.

WENN IHR KIND

- den Hund am Fell zieht und kneift,
- mit dem Schwanz des Hundes spielt,
- den Hund immer wieder mit Spielzeug ärgert und provoziert,
- hinter dem Hund herkrabbelt oder
- den Hund mit Liebe überschüttet, umarmt und immer wieder anfasst, obwohl er sich bereits zurückgezogen hat,
- ihn anpustet, besonders während er schläft,

dann ist das für den Hund Stress – zumal Kinder ihre Kräfte noch nicht ausreichend kontrollieren können oder sogar am Hund ausprobieren wollen.

Wenn der Hund dann keinen Weg mehr sieht, sich in Sicherheit zu bringen, wird er sich notfalls mit den Zähnen Respekt verschaffen. Ein Gedanke wie „Das Kind weiß es ja nicht besser" oder „Das Kind meint es ja nur gut" ist Ihrem Hund fremd.

ZIEHEN, KNEIFEN, BOXEN, SCHUBSEN

Ein Hundefell stellt für ein Kind einen großen Reiz dar. Es ist weich und warm, kuschelig und lebendig, muss dringend erforscht werden. Gerade Kleinkinder neigen dazu, hineinzukneifen, daran zu ziehen, sich daran festzuhalten oder hochzuziehen. Dem Hund tut das nicht nur weh, er kann es auch als Aufforderung zu Scheinkämpfen und Zwickspielen verstehen, bei denen Ihr Kind ziemlich sicher den Kürzeren zieht. Größeren Kindern können Sie vielleicht erklären, was Privatsphäre ist und dass sie selbst auch nicht gern gekniffen werden. Ist Ihr Kind aber zu klein, um diese Dinge zu lassen, gibt es nur

Auch dem geduldigsten Hund wird es irgendwann zuviel. Foto: Gaby Abels

eins: Gewöhnen Sie den Hund daran, sich auf die Unberechenbarkeit von Kindern einzustellen. Das ist nur begrenzt möglich – phasenweise werden Sie nicht darum herumkommen, die beiden voneinander zu trennen.

Ein dickes Fell antrainieren
(Ohne Kinder üben!!!)

- *Zwicken und kneifen Sie Ihren Hund immer mal wieder unvermittelt.*
- *Loben Sie ihn, wenn er dabei ruhig bleibt.*
- *Verstärken Sie die „Angriffe" langsam, immer wieder loben.*
- *Wenn Ihr Hund zuckt oder schnappt, strafen Sie ihn nicht, sondern sagen Sie „Aus!" und loben Sie ihn, wenn er sich beruhigt. Üben Sie weiter mit etwas schwächerem Kneifen als vorher.*

Liebe und Umarmungen

Auch zu viel Zuneigung kann beim Hund Abwehr, Furcht und Fluchtreflexe auslösen. Fühlt er sich gefesselt, kann für ihn Angriff die beste Verteidigung sein. Üben Sie mit Ihrem Kind das richtige „Liebhaben". Lassen Sie es den Hund vorsichtig streicheln und umarmen, stellen Sie aber sicher, dass Sie jederzeit eingreifen können! Zeigen Sie Ihrem Kind, wie es sich anfühlt, wenn man zu kräftig gedrückt wird. Steigern Sie die Reizschwelle des Hundes langsam nach dem obigen Prinzip.

Hinterherkrabbeln

Zieht der Hund sich zurück, will er in Ruhe gelassen werden. Kinder aber missverstehen das häufig als Aufforderung, Verstecken zu spielen oder hinter dem Hund herzukrabbeln. Machen Sie Ihrem Kind durch Erklärungen und klare Grenzen deutlich, wie der Rückzug des Hundes

Dem Hund ist diese Situation nicht angenehm. Hier im Garten kann er gehen. Im Haus fühlt er sich eher in die Enge getrieben. Foto: Infohund/Eva-Maria Krämer

zu verstehen ist: Als eindeutiges Zeichen „Lass mich in Ruhe!" Üben Sie mit Ihrem Kind, die Körpersprache des Hundes richtig zu deuten und zu akzeptieren.

Viele Hunde reagieren aufgeregt oder ängstlich auf die völlig ungewohnte Situation, wenn sich Menschen auf den Boden setzen oder legen. Ist Ihr Kind im Krabbelalter, sollten Sie sich einen Laufstall für das Kind anschaffen.

Auch ein Zimmer- und Transportkäfig für den Hund ist eine gute Idee. Sie sollten Ihren Hund daran gewöhnen, dass er seinen Käfig als Ruheplatz annimmt wie sein Körbchen. Dann nimmt er Ihnen gelegentliches Einsperren auch nicht übel.

WENN IHR KIND UND IHR HUND ANGEGRIFFEN ODER BESCHIMPFT WERDEN ...

... dann kann es sein, dass Ihr Hund das Kind verteidigt. Auf den ersten Blick mag Ihnen das beruhigend erscheinen, weil Ihr Kind beim Spaziergang geschützt ist – schon die Anwesenheit des Hundes mag potenzielle Angreifer abschrecken.

Außerdem kann der Hund selbst auch Auslöser für Angriffe oder zumindest Beschimpfungen sein. „Nimm den Köter da weg! Der braucht doch einen Maulkorb! Du bist doch viel zu klein für so eine Beißmaschine!"

Immer wieder, nicht zuletzt durch die Kampfhunde-Diskussion, erleben gerade Kinder solche Beschimpfungen auf der Straße – bei Ihnen als Erwachsenen würde sich das niemand erlauben.

Haben Kinder den Hund an der Leine, müssen sie aber leider mit solchen Angriffen rechnen.

IN DER RUHE LIEGT DIE KRAFT

- *Sicher geht vor! Das Beste ist darum, wenn man versucht, aggressiven Situationen und Menschen im Vorfeld aus dem Weg zu gehen.*
- *Keine Diskussionen! Menschen, die verbal angreifen, werden sich in diesem Moment nicht umstimmen lassen. Kommt man um eine Antwort nicht herum, sollten Kinder immer „Weiß ich nicht" sagen, auch wenn das nicht stimmt, und auf die Eltern verweisen.*
- *Der Klügere gibt nach! Am besten einfach ruhig umdrehen und weggehen. Dabei beruhigend leise auf den Hund einreden. Kontakt zum Hund kann vor körperlichen Angriffen schützen!*

ÜBERSICHT BEHALTEN

Was ist, wenn ein anderer Hund oder vielleicht eine Katze das Paar angreift? Oder wenn der Hund beim Verteidigen jemand anderen verletzt? Eine Attacke ist eine große Herausforderung für Ihr Kind.

Es wird überrascht und eingeschüchtert sein, selbst Angst vor dem Angreifer haben und nicht wissen, wie die Situation einzuschätzen ist. Gleichzeitig muss es den Hund im Griff behalten, damit keine schlimmen Unfälle passieren. Selbst Erwachsene sind in diesen Fällen oft heillos überfordert.

Niemand kann vorher von sich sagen, wie man sich in einer extremen Situation verhalten wird.

Umso wichtiger ist es, dass man so etwas vorher mit dem Kind im Geiste und in Übungen durchspielt.

DEN ERNSTFALL ÜBEN

- *Spielen Sie mit Ihren Kindern Angriffssituationen durch. Üben Sie, wie man bestimmt „Nein" und „Geh weg!" sagt und sich zurückzieht.*
- *Üben Sie, wie man den Hund beruhigt (ruhige Stimme, streicheln, Leine kurz, „Bei Fuß"-Befehl, Kontakt zum Hund halten, nicht rennen).*
- *Überlegen Sie gemeinsam Strategien. Greift zum Beispiel eine Katze an und das Kind hat einen Freund/eine Freundin dabei, kann es sinnvoll sein, dass die Kinder sich teilen: Eines verscheucht den Angreifer, das andere führt den Hund aus der Gefahrensituation.*
- *Empfehlenswert sind Kinder-Selbstbehauptungs-Kurse.*

HANDELN GEGEN DEN STRESS

Wenn Kinder angegriffen und zum Beispiel auch wegen des Hundes beschimpft werden, kann sie das schwer belasten. Nicht nur auf der Straße, auch im Kindergarten oder in der Schule, in den Nachrichten oder im Bus sind Hunde immer wieder Thema – und längst nicht immer positiv. Eltern haben immer wieder damit zu kämpfen, dass ihre Kinder wegen Beißattacken in den Nachrichten Angst vor dem eigenen Hund bekommen, mit dem sie aufgewachsen sind. Nehmen Sie solche Anzeichen ernst und stärken Sie Ihr Kind. Die besten Mittel gegen Angst sind Aktivität und gute Erfahrungen.

AKTIVER UMGANG MIT ANGST

Wurde Ihr Kind angegriffen oder angepöbelt oder hat es „hundefeindliche" Gespräche belauscht, dann setzen Sie sich damit auseinander. Sprechen Sie miteinander, malen Sie Bilder, schreiben Sie Geschichten oder sprechen Sie sie auf Kassette. Themenvorschläge:

- *Was ist genau passiert?*
- *Warum hat jemand so etwas gesagt? Vielleicht war er auf etwas ganz anderes böse?*
- *Wie hat Ihr Kind sich gefühlt? Wie mögen sich das Gegenüber und der Hund gefühlt haben?*
- *Das stimmt nicht, was über unseren Hund gesagt wurde, unser Hund ist anders, nämlich ...*

Wie ist Ihr Hund? Wie lange lebt er schon bei Ihnen? Woher kommt er? Was mag er? Was mag Ihr Kind an ihm? Was kann er? Was darf er, was nicht? Gehen Sie zusammen zu einer Hundeschule?

Sie sollten überlegen, ob Sie die Bilder oder Geschichten an die Personen weiter-

Menschen, die ihre eigenen Ängste vor Hunden an Kindern auslassen, sind leider auch eine Realität.
Foto: Tatjana Prawitz

geben, die schlecht über Hunde geredet haben.

Vielleicht kommt ein Gespräch oder sogar mal ein gemeinsamer Spaziergang dabei heraus? Oder vielleicht bekommen dadurch einfach Ihre Kinder das Gefühl, alles probiert und aktiv gehandelt zu haben. Das ist viel wert!

Achten Sie darauf, dass der Hund dabei nicht zu menschliche Züge zugesprochen bekommt: Hunde spüren nur Aggression, nicht den Grund dafür! Womöglich hat Ihr Kind das Gefühl, den Hund verteidigen oder trösten zu müssen? Das kann vom richtigen Handeln in der akuten Situation ablenken!

WENN IHR KIND MIT DEM HUND VOR FREUNDEN ANGIBT ...

... dann sollten Sie unterscheiden, wie es das tut. Wenn es einfach stolz und begeistert vom Hund erzählt, ist das natürlich kein Problem.

Wenn es das aber mit einer wie immer gearteten Drohung verknüpft (und sei es im Tonfall), ist Vorsicht geboten.

Bei Formulierungen wie „... dann hole ich unseren Hund und der beißt Euch dann" oder bei „Unser Hund hört nur auf mich, sonst auf niemanden" oder „Mein Hund ist viel stärker/größer/teurer als deiner!" sollten Sie genauer hinhören. Ein Hund sollte auch in den Augen Ihres Kindes weder ein Statussymbol noch ein Machtmittel sein, sondern ein Lebewesen mit Bedürfnissen und Würde. Vielleicht gibt es einen Auslöser für dieses Verhalten

Wenn ein Kind den Hund an seiner Seite benutzt, um Stärke zu demonstrieren, sollten bei Ihnen sämtliche Alarmglocken läuten. Foto: Tatjana Prawitz

Ihres Kindes? Wenn es versucht, sich Respekt über die Kraft des Hundes zu verschaffen, ist es vielleicht bedroht worden oder hat Angst vor bestimmten Spielkameraden? Sprechen Sie es darauf an und bieten Sie ihm Ihre Hilfe bei Konflikten an.

Weisen Sie Ihr Kind darauf hin, dass ein Hund keine Waffe ist, auch nicht indirekt. Sollte es wirklich einmal dazu kommen, dass Ihr Hund das Kind verteidigt und andere angreift oder sogar beißt, wird immer der Hund die Konsequenzen tragen.

Er wird bestraft und muss vielleicht daraufhin die Familie verlassen. Machen Sie Ihrem Kind klar, dass es die Verantwortung für den Hund trägt.

WENN IHR KIND ÄNGSTLICH UND UNSICHER IST ...

... dann ist das viel komplizierter, als es sich in einer Überschrift zusammenfassen lässt. Angst ist ein starkes und oft lähmendes Gefühl. Die Person, die Angst hat, ist in sich gefangen, fühlt sich hilflos und ausgeliefert. Kein anderer Mensch kann das nachvollziehen.

So ist die Gefahr groß, dass sich ein ängstlicher Mensch in seine Angst immer mehr hineinsteigert, während seine Umwelt versucht, das Problem klein zu reden. Das schürt jedoch wieder die Angst – ein Teufelskreis.

Angst hat eine Funktion: Sie soll uns warnen vor Gefahrensituationen und löst häufig einen Fluchtreflex aus. Wir wollen uns in Sicherheit bringen. Ein Mensch, der gar keine Angst vor Hunden hat, ist daher durchaus gefährdet, auf Zeichen des Hundes falsch zu reagieren und gebissen zu werden. Aber ein Mensch, der nur Schauergeschichten ohne Auswege erzählt bekommt, kriegt Alpträume. Die Kunst ist, das richtige Mittelmaß zu finden.

Das bedeutet
- Erfahrungen machen und lernen,
- sich nicht lähmen lassen, sondern aktiv werden,
- Angst wahrnehmen und „Antennen ausfahren",
- Auswege kennen und ausprobiert haben.

ANALYSIEREN STATT IGNORIEREN

Wie oben beschrieben: Das wohl Schädlichste, was Sie tun können, ist, die Angst Ihres Kindes herunterzureden oder zu ignorieren.

Im Gegenteil: Schauen Sie genau hin! Vermitteln Sie Ihrem Kind, dass es sich bei Ihnen sicher fühlen kann, weil Sie die Angst ernst nehmen! Finden Sie die Ursache heraus und versuchen Sie, dort anzusetzen!

Die locker dahergesagte „Angst vor Hunden" hat unzählige Facetten. Einige wollen wir Ihnen im Folgenden aufzeigen:

KONKRETE FURCHT

Ist Ihr Kind mal gebissen worden? Hat es nur Angst vor großen Hunden? Findet es Lecken unangenehm? In welchen Situationen fühlt es sich besonders unwohl? Meidet es bestimmte Situationen?

1. Ein Hund kommt entgegen und macht hier unübersehbar Angst.

2. Die Mutter nimmt Kontakt zu Hund und Halter auf. Das Mädchen bleibt auf Distanz.

3. Mutters Beispiel hat Mut gemacht. Ein Leckerchen soll den Hund noch freundlicher stimmen.

4. „Wieso habe ich vor einem so netten Hund Angst gehabt?" Fotos: Gaby Abels

ANGST IN BESTIMMTEN SITUATIONEN

- *Stärken Sie in diesen Situationen Ihrem Kind besonders den Rücken.*
- *Bleiben Sie dicht bei ihm und lassen Sie es Dinge so weit ausprobieren, wie es selbst will.*
- *Es sollte jederzeit die Möglichkeit haben, selbst zu entscheiden, wann es gehen will.*
- *Geben Sie ihm auch die Möglichkeit, genau diese Situationen zu meiden – aber nur diese. Wenn es Angst vor schwarzen Hunden hat und irgendwann beginnt, auch graue Hunde zu meiden, wird die Angst nur größer.*
- *Legen Sie Wert darauf, dem Kind nicht mehr Angst einzureden, als es wirklich zeigt oder hat.*
- *Sprechen Sie nicht mit anderen über die Angst Ihres Kindes, wenn es dabei ist (Blamage), sondern machen Sie ihm Mut.*
- *Stecken Sie Ihr Kind nicht in eine Schublade, sondern seien Sie wach für Veränderungen. Halten Sie es nicht fern von den einmal angstbesetzten Situationen, sondern lassen Sie es selbst entscheiden, wann es sich mal wieder ausprobieren will.*

UNSICHERHEIT

Ist Ihr Kind auch sonst eher schüchtern? Fürchtet Ihr Kind sich davor, vom Hund umgeschubst zu werden? Weiß es nicht, wie es sich bei der Begrüßung verhalten soll? Ist es nicht unsicher oder ängstlich, sondern einfach nur vorsichtig? Hat es Angst, etwas falsch zu machen? Hat es weniger Angst vor dem Hund als vor dem Erwachsenen am anderen Ende der Leine?

ERFAHRUNGEN MACHEN

- *Das beste Mittel gegen Unsicherheit ist üben, üben, üben. Reden hilft da nicht viel, Kinder müssen ihre Erfahrungen selbst machen.*
- *Meidet Ihr Kind Hunde, weil es sich seiner eigenen Körperkraft nicht sicher ist, helfen motorische Übungen. Fragen Sie den Kinderarzt, die Erzieherin oder einen guten Sportlehrer.*
- *Kinder lernen am Vorbild: Je mehr Sicherheit Sie im Gespann mit Ihrem Hund ausstrahlen, desto sicherer wird sich auch Ihr Kind fühlen. Vorsicht: Das Gleiche gilt, wenn Sie Angst haben. Und auch Ihr Hund übernimmt Ihre Gefühlslage ...*
- *Zeigen Sie Ihrem Kind, wie ein Hund auf Befehle reagiert. Lassen Sie ihn auf Befehl des Kindes „Sitz" machen usw.*
- *Üben Sie mit dem Kind, mit fester, lauter Stimme zu sprechen. Lesen Sie mit größeren Kindern aus einem Buch vor und versuchen Sie mit ihm, dabei die Stimme zu verändern.*
- *Geben Sie dem Kind Zeit zum Kennenlernen. Streicheln Sie den Hund gemeinsam und machen Sie das Kind aufmerksam für die Körpersprache des Hundes.*

GENERELLE PANIK

Versteinert Ihr Kind, wenn ein Hund kommt? Schreit es, sobald es einen Hund sieht? Lässt es sich durch nichts bewegen, auch mit kleinen Hunden oder Welpen Kontakt aufzunehmen? Ist es nicht mehr ansprechbar, wenn ein Hund in der Nähe ist? Für Kinder mit genereller Panik ist ein Lernen am lebenden Hund wahrscheinlich viel zu viel. Gehen Sie behutsamer vor:

BEHUTSAME ANNÄHERUNG

• Schauen Sie sich Bilderbücher mit Hunden an. Wie reagiert es auf verschiedene Grössen, Farben, Körperhaltungen?

• Spielen Sie mit Ihrem Kind „Hund". Wie verhält es sich, wenn es Hund ist? Weiss es überhaupt, wie sich ein Hund benimmt? Ist es dauernd aggressiv? Ist es besonders verschmust?

• Übernehmen Sie selbst auch einmal die Rolle des Hundes. Wie reagiert es auf Ihr Bellen, Knurren, Lecken, Schmusen?

Manchmal hilft nur das komplette Vermeiden von Begegnungen – und das ist schwer. Sie sind nicht bei jedem Schulweg dabei. In ganz problematischen Fällen fragen Sie Ihren Kinderarzt und suchen Sie eventuell eine psychologische Praxis auf.

UND AUSSERDEM ...

Wer Angst hat, entwickelt oft ganz besondere Stärken. Ein Kind, das wackelig auf den Beinen ist und Angst hat, umgeschubst zu werden, entwickelt dadurch vielleicht eine hervorragende Beobachtungsgabe für die Signale des Hundes.

Ach ja: Das, was wir hier über kindliche Ängste geschrieben haben, gilt natürlich genauso für die „erwachsene" Angst vor Hunden ...

WENN IHR KIND IN EINE FAMILIE MIT HUND GEBOREN WIRD ...

... dann ist das für den Hund eine tief greifende Veränderung seines Rudels. Die Atmosphäre, Gerüche, Geräusche, Tagesabläufe und Rituale verändern sich. Er muss die Aufmerksamkeit mit dem neuen Rudelmitglied teilen. Kinder riechen grundsätzlich anders als Erwachsene.

Sie bewegen sich anders, krabbeln auf dem Fußboden herum (was Erwachsene nie tun), kreischen unvermittelt und haben ihre Bewegungen noch nicht unter Kontrolle.

Eifersucht oder zumindest Irritationen können Sie durch gute Vorbereitung vermeiden.

RECHTZEITIG ÜBEN

Sie können sehr früh damit beginnen, die Ankunft des Kindes als „gleitenden Übergang" zu gestalten. Lassen Sie nicht alles bis zum Tag X liegen. Die neuen Regeln sollten mit allen Haushaltsmitgliedern besprochen und wenn möglich schon während der Schwangerschaft eingeführt werden.

BEVOR DAS KIND KOMMT

- *Trennen Sie Hunde- und Kinderspielzeug anhand des Materials. Gewöhnen Sie den Hund zum Beispiel an Plastikspielzeug und nehmen Sie nur Holz, Stoff und andere Naturmaterialien für das Kind.*

- *Achten Sie auch darauf, dass Quietsch- und Klingelgeräusche klar getrennt verwendet werden.*
- *Farben sind egal, Hunde sehen sowieso alles nur in Grün und Blau.*
- *Weihen Sie schenkfreudige Freunde und Familie in die Spielzeug-Regeln ein!*
- *Beobachten Sie die Angewohnheiten Ihres Hundes und stellen Sie fest, was davon für Ihr Kind ungünstig ist (intensives Lecken oder Anspringen, im Bett schlafen, benutzte Wäsche*

Wenn ein Baby ins „Familienrudel" kommt, dann ist auch für den Hund nichts mehr, wie es vorher war.
Foto: Ulrike Schanz

durch die Gegend tragen). Beginnen Sie frühzeitig damit, ihm das abzugewöhnen.

- Kontrollieren Sie Ihren eigenen Tagesablauf und Ihre Rituale. Was davon wird sich durch das Kind verändern? Können Sie mit einigen dieser Änderungen schon jetzt beginnen?
- Verscheuchen Sie den Hund nicht plötzlich von angestammten Plätzen, wenn das Kind da ist, sondern dirigieren Sie ihn schon vorher um.

ZEIT FÜR DEN HUND

Ist das Kind erst da, sind Eltern vielfältig gefordert. Auch für Sie ist die Situation neu und die Versuchung ist groß, die Bedürfnisse des Hundes hinter all der Umorganisation zurückzustellen. Das kann für Ihr Kind zu einer Gefahr werden. Vielleicht verknüpft Ihr Hund dadurch mit dem Kind, dass er nicht mehr die gleiche Rolle spielt wie vor der Ankunft des Säuglings. Der beste Schutz für Ihr Kind ist, wenn der Hund etwas Positives mit dem Kind verbindet.

WENN DAS KIND DA IST

- Wenn möglich, nehmen Sie Kleidung des Kindes aus dem Krankenhaus mit nach Hause, damit der Hund sich an den Geruch gewöhnen kann.
- Schaffen Sie für den Hund Ruhephasen und Rückzugsmöglichkeiten.

- Schaffen Sie klare Zeiten der Zuwendung im Tagesablauf: regelmäßige Kuschelrunden mit dem Hund, große Spaziergänge mit Stöckchen werfen, ohne Nebenbei-Erledigungen mit Kinderwagen.
- Erliegen Sie nicht der Versuchung, Ihr schlechtes Gewissen mit Leckerchen wieder gutzumachen, wenn der Hund mal zu kurz kommt. Das schadet nur der Gesundheit des Hundes.
- Vermeiden Sie es, dem Hund besonders viel Aufmerksamkeit und Streicheleinheiten zu geben, wenn das Kind im Bett ist. Wenn er das miteinander verknüpft, beginnt er vielleicht, das Kind vertreiben zu wollen.
- Prüfen Sie Ihre Wortwahl, Kosenamen und Stimmlage, um Missverständnisse auszuschließen. Wenn Sie das Kind plötzlich in der gleichen Stimmlage ansprechen wie früher den Hund, ihn dann aber plötzlich nicht mehr beachten, entsteht Eifersucht.
- Beziehen Sie ihn in das Geschehen mit ein, lassen Sie ihn Kontakt zum Kind aufnehmen und überall schnüffeln. Halten Sie auch das Kind nicht von ihm fern – aber bleiben Sie in Griffweite!

Während der Phase, wenn die Kinder krabbeln, sollten Sie Kind und Hund durch Laufstall oder Zimmerkäfig voneinander trennen.

Ein Trenngitter zwischen Hund und Kleinkind lässt manche Probleme erst gar nicht aufkommen. Foto: Ulrike Schanz

GOLDENE REGELN FÜR KINDER

Goldene Regeln für Kinder

BEHANDLE EINEN HUND NUR SO, WIE DU AUCH BEHANDELT WERDEN MÖCHTEST.

Auch du magst es nicht, wenn Du geärgert, gekniffen, getreten, geschlagen, ausgeschimpft, angeschrien, herumkommandiert oder erschreckt wirst.

Sprich immer ruhig und freundlich mit einem Hund. Lobe ihn, wenn er etwas richtig gemacht hat. Übe niemals Druck aus, wenn er bestimmte Dinge nicht tun will. Locke ihn lieber. Versuche nicht, auf ihm zu reiten.

Foto: Interessengemeinschaft Deutscher Hundehalter

Foto: Tatjana Prawitz

FRAGE IMMER ERST DEN HUNDE-BESITZER, BEVOR DU EINEN HUND ANFASST.

Nähere dich nie alleine einer Hündin mit Welpen, einem Streuner oder einem Hund, der schläft oder vor einem Geschäft angebunden ist.

Der Besitzer kennt seinen Hund am besten. Achte, egal was er oder sie sagt, trotzdem auch selbst darauf, ob der Hund den Kontakt zu dir sucht.

Wenn du ein gutes Gefühl hast, halte ihm erst deine Hand zum Schnuppern hin. Bewege dich immer langsam und ruhig.

ACHTE AUF DIE KÖRPERSPRACHE EINES HUNDES.

Präge Dir die Körpersprache-Fotos auf Seite 93 gut ein. Schaut ein Hund Dich freundlich an? Oder duckt er sich ängstlich weg, wenn Du Ihn streicheln willst? Dann lass ihn in Ruhe.

Wenn du kein gutes Gefühl hast oder wenn ein Hund dir Angst macht, dann geh langsam weiter.

Wenn ein Hund sich auf seinen Platz zurückzieht oder sich versteckt, will er auch in Ruhe gelassen werden. Zwing ihn dann nicht zum Weiterspielen.

Foto: Ulrike Schanz

STARRE EINEM HUND NICHT IN DIE AUGEN, SONDERN SCHAU AUF DEN NACKEN ODER DIE OHREN.

Zwei fremde Hunde starren sich in die Augen, um herauszufinden, wer der stärkere ist. Wenn einer zur Seite schaut, gibt er nach. Wenn beide weiterstarren, fangen sie an zu kämpfen. Ein Hund fühlt sich also angegriffen, wenn du ihm in die Augen starrst.

Foto: Ulrike Schanz

RENNE NIE VOR EINEM HUND DAVON ODER AN IHM VORBEI.

Hunde jagen gerne, und sie sind bestimmt schneller als du. Wenn du schnell läufst, denkt ein Hund vielleicht, du bist eine Beute, und versucht, dich zu packen. Bleib also immer ruhig, auch wenn du Angst hast.

Wenn du doch einmal rennst und hinfällst, solltest du nicht schreien und nicht herumzappeln. Rolle dich zusammen und schütze mit den Armen deinen Kopf. Dinge, die sich nicht bewegen, sind für Hunde schnell langweilig.

Foto: Andreas Zobe

Foto: Andreas Zobe

VERMEIDE ALLES, WODURCH
SICH EIN HUND BEDROHT
FÜHLEN KÖNNTE.

Viele Hände machen einen Hund
Angst, auch wenn sie nur streicheln
wollen.

Gehe nie mit einem erhobenen Stock
oder Federballschläger auf einen Hund
zu. Beuge dich nie über einen Hund.
Halte ihn nicht am Fell oder am
Schwanz fest. Renne nicht auf ihn zu.
Achte darauf, dass er dich immer sieht,
wenn du dich näherst. Sprich ihn leise
und ruhig an, bevor du ihn streichelst.

Foto: Gaby Abels

ZIEHE EINEN HUND NIEMALS AM
SCHWANZ, DEN OHREN ODER
DEN VORDERBEINEN.

Der Hund benötigt seinen Schwanz
und seine Ohren zum „Sprechen", er
drückt damit seine Körpersprache aus.
Darum mag er es nicht, wenn du ihn
dort anfasst. Ein Schwanz kann auch
brechen oder bluten. Ein Hund hört
viel besser als Menschen, darum ist
eine Berührung für ihn noch viel lauter als für dich, wenn du deine Ohren
anfasst. Niemals darfst du einen Hund
an den Vorderbeinen hochheben oder
die Pfote kräftig schütteln. Das kann
ihm die Gelenke ausrenken!

SPIELE NIE MIT EINEM HUND, WENN KEIN ERWACHSENER IN DER NÄHE IST.

Manchmal vergessen Hunde beim Spiel, dass ein Menschenkind nicht so kräftig ist wie ein anderer Hund. Hunde hören meist besser auf die Befehle von Erwachsenen. Ein Erwachsener kann schnell eingreifen, wenn es gefährlich wird.

Foto: Infohund/Eva-Maria Krämer

Foto: Infohund/Eva-Maria Krämer

VERSUCHE NIE, RAUFENDE HUNDE ZU TRENNEN!

Wenn Hunde miteinander spielen, raufen sie. Das kann sehr gefährlich aussehen. Manchmal wird ganz plötzlich auch aus einem Spiel Ernst. Hunde sind dann sehr stark. Weil es immer mal passieren kann, dass Hunde sich treffen und nicht mögen, solltest du nie alleine spazieren gehen. Halte dich von raufenden Hunden fern und hol Hilfe. Schrei nicht, das regt die Hunde noch viel mehr auf.

STÖRE NIE EINEN HUND BEIM FRESSEN.

Das Fressen ist für ihn lebenswichtig. Im Rudel müssen andere Hunde warten, bis der „Chef" gefressen hat. Wenn du ihn störst, wird er sich wehren. Nimm ihm nie das Futter weg. Fasse den Napf nur an, wenn deine Eltern auf dich und den Hund aufpassen.

Foto: Ulrike Schanz

Foto: Bildagentur IPO

Nimm einem Hund nichts weg, auch nicht deine Hand.

Wenn ein Hund ein Spielzeug oder deine Hand in die Schnauze nimmt, will er oft nicht beißen, sondern nur fest halten. Ein Hund hat nur seine Zähne, um etwas fest zu halten. Wenn du ihm dann etwas wegnimmst, muss er mit den Zähnen fester zupacken. Das ist ein Reflex. Auch wenn er deine Hand ableckt und du ziehst sie hektisch weg, schnappt er vielleicht hinterher. Sag lieber freundlich, aber bestimmt „Aus!" und nimm die Hand erst langsam weg, wenn er sie freigibt.

Foto: Tatjana Prawitz

Mache den Hund mit deinen Freunden bekannt.

Es kann sein, dass dein Hund deine Freunde nicht genauso gerne mag wie dich. Achte darauf, dass auch sie sich ihm vorsichtig nähern und ihn in Ruhe lassen, wenn er sich zurückzieht. Lass sie nicht alle gleichzeitig auf den Hund zugehen, das kann er als Bedrohung empfinden.

Achte auch darauf, dass manche deiner Freunde vielleicht Angst vor deinem Hund haben. Zwinge sie nicht, den Hund an sich schnuppern zu lassen oder mit ihm zu spielen. Bring ihn notfalls weg.

VERWÖHNE DEINEN HUND NICHT ZU SEHR.

Zu viele Leckerchen machen einen Hund nur dick. Süßigkeiten für Menschen (Eis, Schokolade, Bonbons) können einen Hund schwer krank machen. Nimm lieber spezielle Hunde-Leckerchen. Halte dich an verabredete Regeln. Wenn du ihm Dinge erlaubst, die die Erwachsenen ihm nicht erlauben, tust du ihm keinen Gefallen. Er ist dann verwirrt und weiß nicht mehr, was richtig ist.

Foto: Ulrike Schanz

Foto: Ulrike Schanz

KEIN HUND IST WIE EIN ANDERER, AUCH WENN SIE SICH ÄHNLICH SEHEN.

Du musst immer wieder neu herausfinden, ob ein Hund dich mag, was er gerne spielt und frisst.

Die Körpersprache des Hundes

Hunde können unsere Sprache nicht lernen, deshalb müssen wir lernen, sie zu verstehen. Das ist nicht einfach, denn die Körpersprache eines Hundes ist heute nicht mehr so eindeutig wie bei seinem Urvater Wolf.

Hunde benutzen ihren Schwanz (man nennt ihn Rute), ihre Ohren, ihr Gesicht, ihr Rückenfell und ihre gesamte Körperhaltung um zum Beispiel zu sagen „Nein, das will ich nicht!" oder „Toll, dass du da bist." Auf den folgenden Fotos siehst du ein paar Beispiele, wie Hunde mit ihrem Körper reden. Aber Hunde sehen sehr verschieden aus. Dadurch „sprechen" sie auch anders.

Der Airdale-Terrier auf den Fotos stellt seine Rute senkrecht auf, wenn er aggressiv ist. Ein Spitz oder ein Mops dagegen hat einen geringelten Schwanz, den er zwar aufrichten, aber nicht lang ausstrecken kann, wenn er böse ist. Bei manchen Rassen werden die Ruten auch abgeschnitten (kupiert), da kann man kaum sehen, wenn sie wedeln. Du kannst ja mal auf Fotos oder beim Spaziergang sammeln, wie viele verschiedene Hundeohren oder -schwänze es gibt und wie sie sich verändern.

Und noch etwas: Hunde und Menschen zeigen manchmal die gleiche Körpersprache, sie meinen aber ganz unterschiedliche Dinge.

Ein Hund ist zum Beispiel meistens böse, wenn er die Zähne zeigt – wir Menschen blecken beim Lächeln unsere Zähne. Solche Unterschiede müssen Mensch und Hund voneinander lernen. Dafür müssen sie sich gegenseitig gut beobachten.

DIE SPRACHE DES HUNDES

döst

wird aufmerksam

aufmerksam

freundlich

ergeben

freut sich

aggressiv

ängstlich

unterwürfig

Foto: Interessengemeinschaft deutscher Hundehalter